Anne Hansen
Und dann kam Lämmchen

AF196702

ANNE HANSEN, 1980 in Husum geboren, arbeitet als freie Autorin für überregionale Medien und hat bereits mehrere Bücher geschrieben. Unter dem Pseudonym *Rosa Schmidt* begeisterte sie mit der Reihe der »Rentner-Tagebücher« mehr als hunderttausend Leser und landete mit dem Buch »*Mein Mann, der Rentner*« einen SPIEGEL-Bestseller. Wenn sie nicht am Schreibtisch sitzt, versucht sie ihr Glück beim Pokern (wenig erfolgreich) und erzieht in ihrer Freizeit einen Jack Russell (es geht aufwärts). Sie lebt mit ihrem Mann in Nordfriesland.

ANNE HANSEN

UND DANN
KAM
LÄMMCHEN

**Hinfallen, aufstehen, weitergrasen:
Wie ein kleines Schaf
mir ganz große Dinge beibrachte**

Penguin Random House Verlagsgruppe FSC® N001967

2. Auflage
Copyright © 2024 by Penguin Verlag
in der Penguin Random House Verlagsgruppe GmbH,
Neumarkter Straße 28, 81673 München
Fotos: Anne Hansen
Bildbearbeitung: Lorenz+Zeller GmbH, Inning a. Ammersee
Umschlaggestaltung: www.buerosued.de | München
Umschlagabbildungen: Thomas Lorenzen
Satz: Uhl + Massopust, Aalen
Druck und Bindung: GGP Media GmbH, Pößneck
Printed in Germany
ISBN 978-3-328-11109-2
www.penguin-verlag.de

Prolog

Ja, worum geht es hier? Diese App, die den Inhalt von Büchern zusammenfasst, würde schreiben: Frau rettet Schaf vor dem Schlachter.

Joaaaaaa, haut einen jetzt nicht vom Hocker. »Muss ich das lesen?«, werden Sie sich fragen. Nö, man muss gar nichts im Leben (auch etwas, das ich von den Schafen gelernt habe).

Man muss gar nichts!

Aber eigentlich geht es auch um viel mehr.

Dieses Buch ist eine Liebeserklärung an das unterschätzteste Tier der Welt. An das platte Land, in dem der Regen von der Seite kommt. Und an die Kunst, loszulassen.

Denn es geht darum, wie man mit Krisen umgehen kann und warum am Ende nicht nur ich Lämmchen, sondern vor allem auch Lämmchen mich gerettet hat.

Wenn Sie das nun doch interessiert: Dann kommen Sie mal mit an den Deich!

DEZEMBER

When the Shit Hits the Fan

24. Dezember

»Meinst du, ich kann mich kurz hinlegen oder kommt das komisch?«, flüstere ich Axel zu, während die Gemeinde »Es ist ein Ros entsprungen« singt. Laut Anzeiger kommen noch drei Lieder. Dann kann ich mit Gottes Segen wieder wie eine 90-jährige Oma nach Hause schlurfen.

Wir sitzen im Heiligabend-Gottesdienst in einer Berliner Kirche in Prenzlauer Berg. Obwohl wir schon seit 16 Jahren in Berlin wohnen (und das sogar fast neben dieser Kirche), waren wir noch kein einziges Mal hier. Geschweige denn an Weihnachten. Da fährt man schließlich nach Hause. (Ein untrügliches Zeichen dafür, dass »Wohnort« und »Zuhause« wohl doch oft zwei verschiedene Dinge sind.)

»Klar, mach mal«, flüstert Axel zurück und knüllt mir seine Jacke zum Kopfkissen zusammen. Ich lasse mich nach links auf die harte Holzbank kippen, lege mich auf den Rücken und blicke gen Kirchendecke. Seit drei Monaten betrachte ich die Welt weitestgehend von unten. Arztzimmer, Taxis, unser Wohnzimmer, Krankenhäuser oder einfach den Himmel. Ich kenne nun verschiedene Modelle an Rauchmeldern (vielleicht mal was für *Wetten, dass ...?*), habe viele Lüftungsschächte und die größte Spinne der Welt gesehen, kann mich immer noch nicht entscheiden, ob ich verputzte Decken oder welche aus Rohbeton lieber mag, und habe mich intensiv mit Wolkenformationen beschäftigt. Wie dieser unfreiwillige Perspektivwechsel zustande gekommen ist?

Den folgenden Abriss meiner letzten drei Monate können Sie überspringen, wenn Sie ein Problem mit Krankheiten haben (vollstes Verständnis!). Machen Sie einfach auf Seite 19 weiter. Ansonsten: Ich halte mich auch kurz, zwei Strophen Tochter Zion und wir haben diese Episode hinter uns. Versprochen!

Es war ein sonniger Sonntag Ende September. Ich wachte auf und spürte sofort: Irgendwas stimmte nicht. Mein Schädel brummte. Aber es waren keine normalen Kopfschmerzen, sondern ein eher undefinierbarer Druck. So, als hätte ich eine Gehirnerschütterung oder wäre in einem Boxkampf ordentlich vermöbelt worden. Im Liegen waren die Schmerzen fast weg, doch kaum setzte ich mich auf oder stand, schoss es wieder in den Kopf.

»Hat heute Nacht ein Kampf stattgefunden, von dem ich nichts mehr weiß?«, fragte ich Axel, während ich im Badezimmerschrank nach Ibuprofen suchte.

Axel lachte. »Wahrscheinlich hast du dich nur verlegen, oder? Hatte ich doch neulich auch, das passiert schnell mal.«

Eigentlich war mir sofort klar, dass es irgendwas anderes sein musste, aber die Hoffnung stirbt bekanntlich zuletzt. Also ließ ich mich überreden, noch mit Freunden einen Spaziergang im Park zu machen. Die frische Luft würde mir sicher guttun. (Was soll diese arme frische Luft bloß immer alles richten?!)

Leider brachte der Spaziergang nicht die erhoffte Besserung. Im Gegenteil. Mir war jetzt auch noch unglaublich übel, und als wir eine Pause machten, musste ich mich unter einen Baum in den Schatten legen (bei kümmerlichen 15 Grad).

»Großer Gott, mit dir stimmt aber wirklich was nicht«, sagte meine Freundin Anke, die ich normalerweise zwang, sich bei 30 Grad mit mir in die pralle Sonne zu setzen.

Am nächsten Tag schleppte ich mich irgendwie zu meinem Hausarzt, der mir prompt eine Einweisung ins Krankenhaus in die Hand drückte.

»Lieber mal abklären«, sprach er – und das Unglück nahm seinen Lauf.

Im Krankenhaus tippte ein junger Assistenzarzt nämlich auf Hirnhautentzündung (die ich nicht hatte) und verpasste mir dafür eine Lumbalpunktion (die er anscheinend noch nicht oft gemacht hatte). Bei dieser Punktion wird unten an der Wirbelsäule Gehirnflüssigkeit, der so genannte Liquor, aus dem Rückenmark entnommen, und wenn man darin nicht so viel Erfahrung hat … unschön! Ich erspare Ihnen die anschließenden Details und spule ein wenig vor: Das Krankenhaus hatte ganze Arbeit geleistet und ich war als Schatten meiner selbst herausgekommen. Durch die Punktion hatte sich im Kopf ein Unterdruck entwickelt und ich war stolze Besitzerin eines Liquorunterdrucksyndroms (unbedingt für Scrabble merken, das schlägt keiner!). Es ging jetzt wirklich nur noch eins: liegen.

Im Nachhinein (diese zwei Wörter sind immer schlecht, wenn es um die Gesundheit geht) stellte sich heraus, dass ich bereits ein Liquorunterdrucksyndrom gehabt hatte, als ich ins Krankenhaus eingeliefert worden war. Um mal einen Vergleich zu bemühen: Ich hatte also schon einen Arm gebrochen gehabt, und im Krankenhaus hatte man noch einmal richtig ordentlich draufgehauen, damit es ja kein einfacher Bruch, sondern so ein stattlicher Trümmerbruch wurde. Der Arm sollte bitte richtig schön im Eimer sein. Leider war es mein Kopf.

Die nächsten Wochen befand ich mich fast durchgehend in der Horizontalen, es ging nichts mehr. Sobald ich aufrecht stand oder auch nur saß, hatte ich einen solchen Druck im Kopf, dass ich mich direkt wieder hinlegen musste. Außerdem war da diese unglaubliche Müdigkeit, als hätte man mir den Stecker gezogen. Ich konnte auch gar nicht mehr klar denken. Hellgrau wallender Nebel in meinem Kopf, permanent. Und eine Zeitlang war ich mir nicht sicher: Würde ich überhaupt jemals wieder ein normales Leben haben? Als Journalistin war ich auf meinen Kopf angewiesen, ich hatte nichts anderes. Und ausgerechnet der war jetzt nicht einmal imstande, sich auf ein Gespräch zu konzentrieren, geschweige denn, die passenden Worte zu finden, um daran teilzunehmen. Würde ich jemals wieder reiten können? Oder auch nur Auto fahren? Selbst Alltägliches, wie mit Freunden in einem lauten Restaurant zu sitzen, war absolut unvorstellbar. Alle diese Dinge erschienen mir wie weit entfernte Galaxien, die ich nur vom Hörensagen kannte.

An einem Tag wollte ich mir die Normalität zurückerobern und nahm mir vor, selbst mit dem Auto zu einem Arzttermin zu fahren. Doch auf halber Strecke überfielen mich so starke Kopfschmerzen, dass ich rechts ran fuhr, den Warnblinker setzte, den Sitz nach hinten kippte und liegend so lange wartete, bis Axel mich abholte. Es war verrückt. Nichts war mehr möglich. Ich war zum Liegen verdammt.

Dies war die Zeit, in der ich viel schlief. Viel las. Viele Serien guckte. Viel grübelte. Und zur Rauchmelderexpertin wurde.

Nach zwei Monaten etwa wurde der Druck im Kopf ganz allmählich weniger – ein Segen –, und ich feierte die kleinen, aber doch so großen Erfolge. Ich konnte für zehn Minuten am Esstisch sitzen, ohne dass mein Schädel platzte. Ich konnte wieder duschen, ohne mich danach über Stunden hinlegen zu müssen. Und ich konnte wieder gehen, wie eine Oma Schritt für Schritt um den Block schlurfen, und musste nur drei Pausen zwischendurch einlegen, an jeder Ecke eine. Es ging aufwärts, immerhin. Aber die Kopfschmerzen waren meine täglichen Begleiter, mal mehr, mal weniger.

Genau zu dieser Zeit empfahl mir eine Freundin einen Chiropraktiker, der in Berlin als Wunderheiler galt. Schon viele Patienten mit Kopfschmerzen hatte er durch beherztes Zupacken wieder hinbekommen. Das war er, mein Strohhalm!

Besagter Chiropraktiker war Feuer und Flamme, auch bei mir sein Können zur Vollendung zu bringen. Er hörte sich meine Vorgeschichte an und sagte dann mit schönstem wienerischen Akzent (ich war hin und weg): »Schauen'S, des erleb i oft. Da mocht's amoi knack und des Kepferl ist wieda frei.« Ich war sofort überzeugt.

Eine Woche später lag ich bäuchlings zum vereinbarten Termin auf seiner Behandlungsliege und war bereit, den sagenumwobenen Knack in Empfang zu nehmen.

»Aber bitte nicht die Halswirbelsäule einrenken«, sagte ich noch, denn eine andere Freundin hatte mir vor Jahren einmal eine Horrorgeschichte darüber erzählt. Alles, was ich abgespeichert hatte: NIEMALS die Halswirbelsäule einrenken lassen!

Der Österreicher schüttelte den Kopf und lachte. »Keine Sorge, das geht sich gut aus!«

Er fing an, meinen Rücken zu bearbeiten, und wiederholte die ganze Zeit mantraartig: »Das geht sich gut aus«, wobei mir nicht klar war, ob er *mir* Mut zusprach oder sich selbst. Er arbeitete sich vom Steißbein Richtung Kopf hoch, und ich dachte über die eigenwillige Formulierung nach. Das geht sich gut aus. Gab es in Österreich wohl noch mehr reflexive Verben als bei uns? Auf Deutsch fielen mir gar nicht so viele ein, vor allem nicht in der dritten Person. Während ich abwechselnd »Grammatik ist schon interessant« und »Himmel, der packt aber ordentlich zu« dachte, machte es plötzlich tatsächlich »knack« und ich spürte einen stechenden Schmerz – in der Halswirbelsäule. Grundgütiger.

Im Nachhinein (Klappe, die Zweite) stellte sich im MRT heraus, dass ich in der Halswirbelsäule etliche Instabilitäten hatte. Ein Autounfall in Griechenland, mehrere Reitunfälle und ein schwerer Fahrradsturz als Kind – meine Halswirbelsäule hatte schon einiges mitgemacht. Eigentlich war das all die Jahre kein Problem, doch das Einrenken hatte es zu einem gemacht.

Seit besagten Tagen im Herbst muss ich an einen Spruch denken, den ich mal bei einer Australierin aufgeschnappt habe: »When the shit hits the fan.« Frei übersetzt: Die Sch… wird schön über den Ventilator überall hin verteilt. Treffender könnte es wohl nicht sein. Manchmal stellt ein einziger Augenblick das gesamte Leben auf den Kopf. Es kommt zu einer Verkettung unglücklicher Umstände, und immer tiefer stapft man irgendwann durchs hässliche Gestrüpp, wo man doch nur einmal kurz den hübsch angelegten Wanderweg verlassen hat. Und nun liege ich auf der Holzbank einer Berliner Kirche, höre ironischerweise »O du Fröhliche« und kneife die Augen zusammen, damit ich nicht weinen muss und das Relief über mir wie ein Kaleidoskop aussieht.

31. Dezember

Fast den ganzen Tag gelegen. Highlights: »Drei Nüsse für Aschenbrödel« und die ZDF-Silvesterparty am Brandenburger Tor gesehen.

Um zwölf Axel länger als sonst umarmt, weil ich noch schnell ein paar Tränen unterdrücken musste.

»Du kannst ruhig weinen«, sagte er (Mist, ertappt) und drückte mich an sich.

Tapfer »nö« gesagt.

Während ich kurz darauf im Bett liege und mich noch

einmal geistesabwesend durch Facebook klicke, lese ich auf einem Profil: »Gib jedem neuen Jahr die Chance, das Schönste deines Lebens zu werden. Happy new year an alle!«

Ich hasse diese Motivations- und Kalendersprüche, habe ich schon immer. Carpe Diem oder noch schlimmer: Lebe jeden Tag, als wäre es dein Letzter. Natürlich, sie machen sich unglaublich gut auf Kaffeebechern, Jutebeuteln oder eben Facebook-Profilen. Man zeigt damit, dass man sein Leben in vollen Zügen genießt und hach, seufz, so ganz bewusst und achtsam im Moment lebt. Dass man das meiste aus den Tagen herausholt. Dass man jeden Moment voll ausgekostet und man mit sich im Reinen ist. Aber jetzt nehmen wir das mal wörtlich: Würde nicht jeder komplett durchdrehen, wenn er wüsste, dass morgen sein letzter Tag wäre? Kann man sich eigentlich noch mehr unter Druck setzen? Normal zur Arbeit gehen. Normal zu Mittag essen. Normal auf dem Sofa sitzen. Normal LEBEN. Alles nicht mehr möglich, wenn man wüsste, die letzte Stunde hat geschlagen. Kann bitte jemand diese Sprüche für immer verdammen?! Ich könnte mich wirklich in Rage reden. Aber gut, vielleicht sollte ich in meiner Lage nicht auch noch Bluthochdruck bekommen. Dann versuche ich mal, mich darauf einzulassen: Gib jedem neuen Jahr die Chance, das Schönste deines Lebens zu werden.

Ich wäre bereit. Aber sowas von.

Das nächste Jahr kann kommen.

JANUAR

Bye, Bye, Berlin

10. Januar

Axel und ich haben einen Entschluss gefasst. Wir ziehen für ein Jahr nach Nordfriesland. Glücklicherweise haben wir direkt ein kleines Haus mit kleinem Garten zur Miete gefunden. Axel kann als selbstständiger Journalist von überall aus arbeiten, ich als freie Autorin auch. Und ohnehin bin ich noch länger krankgeschrieben. Einen Tag, nachdem wir unsere Wohnung zur Untermiete ins Netz gestellt hatten, war sie auch schon weg. Eine amerikanische Unternehmensberaterin und ein junger, dynamischer Start-up-Typ übernehmen ab Februar unser Leben. Great!

Ich könnte jetzt schreiben, dass wir schon immer zurück aufs Land wollten. Dass die Aussicht aufs Meer, die grenzenlose Weite, die Wellen, den Horizont, die salzige Luft und den Wind, der Körper und Geist einmal kräftig durchpusten soll, dafür gesorgt hat, dass wir bald unsere Koffer packen werden. Dass wir schon immer eins dieser Paare waren, die davon träumten, mit Schürze und Gummistiefeln an einem Hochbeet zu stehen und zu seufzen: »Schau dir diesen Salat an, ein Geschenk der Mutter Natur.« Doch all das wäre dreist gelogen.

Denn wir sind durch und durch Großstadtmenschen. Ich liebe es, dass ich in Berlin nachts um drei noch ein vietnamesisches Sandwich essen kann, dass die Menschen hier alle so unterschiedlich und viele verrückt sind und dass wir so viele Museen haben (in die wir zwar nicht oft gehen, zugegeben, aber wir KÖNNTEN!). Das große Glück des Konjunktivs.

Oder: Die Stadt der unbegrenzten Möglichkeiten und wir mittendrin – das fühlt sich gut an.

Außerdem hat die Tatsache, dass ich eigentlich aus dem hohen Norden vom platten Land komme, immer für Lacher um mich herum gesorgt. Weil mir immer kalt ist, bin ich die Erste, die reingehen will. Ich kann nicht erklären, wie Ebbe und Flut zustande kommen, kann weder Blätter noch Vögel benennen (wirklich KEINE!) und – festhalten, jetzt kommt's richtig dicke – hasse Wind! Da bin ich wie meine Oma, die anscheinend auch im falschen Landstrich geboren war. Ich sehe noch genau vor mir, wie sie immer ihre weiße Mohair-Mütze festhielt und auf Plattdeutsch vor sich hin schimpfte: »Scheußli, scheußli.«

Und trotzdem. Irgendwie kommt mir meine Krankheit wie eine vom Leben verordnete Auszeit vor, ein großes Stoppschild. Und was lernt man schon in der Fahrschule? An einem Stoppschild muss man halten. Mit allen vier Reifen. Nicht langsam rollen und dann wieder durchstarten. Nicht die ganze Zeit die Kupplung treten, damit man auch ja sofort wieder einsatzbereit ist. Nein, richtig halten. Einmal zum Stehen kommen. Gang rausnehmen.

Und wo würde das besser gehen als in Nordfriesland? Keine Ablenkung weit und breit und auf Mamas Versprechen »Wir päppeln dich schon wieder auf« vertrauen.

Außerdem muss ich immer an etwas denken, das mir ein Arzt im vergangenen Jahr gesagt hat. Ich lag auf einer Liege aus teurem schwarzem Leder im Berliner Westen (Privatpraxis, natürlich! Das nächste Buch wird zum Thema Zwei-Klassen-Medizin sein, kann ich so aus dem Ärmel schütteln!) und sprach mit dem Arzt über meinen Kopf, der nicht mehr richtig funktionierte.

»Und wie lange dauert das wohl?«, stöhnte ich und hielt mir die Schläfe.

»Ein halbes Jahr, maximal. Aber sehen Sie es wie ein Philosophiesemester an. Man lernt nie mehr im Leben über das Leben, als wenn man krank ist.«

Große Worte, dachte ich. Ob das wohl zutrifft?

Aber nun: In knapp drei Wochen geht es zum Studieren an die Nordsee.

(Gilt Nordfriesland schon als Auslandssemester?)

28. Januar

Die Koffer sind gepackt.

31. Januar

Schlagartig minus zehn Grad. Die berühmte Russenpeitsche ist da. Die ganze Stadt ist in ein undefinierbares Grau getaucht. Nie machte es einem Berlin leichter wegzuziehen als jetzt.

FEBRUAR

Von einer, die auszog.
Und dann wieder da war

4. Februar

Größer könnte der Kontrast nicht sein. In Berlin packe ich meine Koffer in einer riesigen Altbauwohnung mit zwei Flügeltüren wie in einem Schloss. Alles an dieser Wohnung ist zu groß geraten. Das Schlafzimmer, fast 50 Quadratmeter. Dazu zwei Wohnzimmer, warum auch nicht, eine absurd große Küche, in der ein langer Esstisch für imaginäre Reisegruppen steht, die jederzeit vorbeikommen könnten, und ein großes Badezimmer, in dem es fast alles doppelt gibt: Waschbecken, Spiegel, Toilette, wobei das Bidet ein wenig aus der Zeit gefallen scheint. Heute wäre diese Wohnung unbezahlbar, und wenn man nicht gerade Ai Weiwei heißt (die letzten zwei Jahre fast unser direkter Nachbar), kaum erreichbar. Doch wir sind in einer Zeit eingezogen, in der Berlin noch billig und alles möglich war. Zugezogene hatten die freie Wahl auf dem Wohnungsmarkt, und ich weiß noch, wie ich als Einzige (!) die Wohnung besichtigte und in einer aberwitzigen Hybris zum Verwalter sagte (nie wäre man damals auf die Idee gekommen, einen Makler zu kontaktieren): »In dem großen Erker kann man natürlich schlecht Möbel stellen, aber wir werden schon irgendwie einen Weg finden.«

Einziger Wermutstropfen: Alle Räume sind nach vorne ausgerichtet, direkt an einer vierspurigen Straße, ein bauliches Meisterwerk. So wird es niemals dunkel in der Wohnung. Selbst spezielle Verdunklungsvorhänge mit der hässlichen schwarzen Rückseite müssen die Segel streichen. Keine Chance. Noch dazu wird es niemals still in der Wohnung. Die Tram, die direkt vor der Tür im Zehnminutentakt hält und wieder anfährt, verursacht ein Quietschen, das unseren Alltag wie Hintergrundmusik begleitet. Hinzu kommen ein nicht enden wollender Strom an Autos, die bremsen, beschleunigen und hupen, und Fahrradfahrer, die schimpfen und klingeln.

Bis zuletzt sind wir am Dechiffrieren dieser Großstadtkakophonie gescheitert. Wir empfingen immer nur: »Kauf dir neue Ohropax!« Auf dem Gebiet bin ich tatsächlich Expertin. Welche Marke, wie reindrehen, wann loslassen, wie nachdrücken. Auch Schlafmasken! Ich kenne sie alle.

Fünfeinhalb Autostunden später begrüßen mich Stille und Dunkelheit. Genauer gesagt: sind wir am 54. Breiten- und 9. Längengrad angelangt. 50 Minuten bis nach Dänemark, zwei Minuten bis zum Wasser. Hier in Husum komme ich an. In der Stadt, in der ich vor fast zwanzig Jahren nach dem Abitur in die große weite Welt aufgebrochen bin (die für mich nach der Journalistenschule in Köln aus einer Wohnung an besagter vierspurigen Straße über einer Dönerbude in Berlin bestand). Der Kreis schließt sich. Damals weinte meine Mutter, als ich nach dem Abi in einem Umzugswagen verschwand, und jetzt weint sie, weil ich wieder da bin. Und weil ich so krank bin. Das würde sie aber niemals zugeben, denn sie will sich nichts anmerken lassen. Nicht, dass es mir noch schlechter geht, weil es ihr schlecht geht. Stattdessen drückt sie mich immer ganz fest und sagt so optimistisch wie möglich, dass alles gut wird.

Nordfriesland ist der nördlichste Landkreis Deutschlands. Oben drüber kommt nur Dänemark, links daneben gibt's nur Wasser und drunter liegt Süddeutschland, gefühlt. Rechts davon kommt irgendwann die Ostsee, in der immerzu Wasser ist und man baden kann, wann man möchte. Es ist uns ein Rätsel.

Wenn man Nordfriesland beschreiben sollte, dann kommt man nicht umhin, sämtliche Klischees aus ZDF-Vorabendserien zu bemühen – und durchgehend zu sagen: Yup, es stimmt! Es gibt sehr viele Reetdachhäuser, überall Fischbrötchen und viele Menschen in Troyern (aber KEINE in Friesennerzen, die tragen nur die Touris). Das Land ist flach und immer ist es windig. Als ich noch in der Grundschule war, habe ich beim Preisausschreiben der hiesigen SPD mal eine Reise nach Bonn gewonnen. Was für eine Aufregung! Zum ersten Mal in die Großstadt. Viele Erinnerungen habe ich nicht an die Tage am Rhein, aber ich weiß noch, wie ich irgendwann auf der Straße ergriffen innehielt.

»Irgendwas ist hier anders«, sagte ich.

»Ja klar, wir sind ja auch in einer richtig großen Stadt«, sagte meine Mutter.

»Nee, das ist was anderes.«

»Die U-Bahn vielleicht? Bist du ja vorher auch noch nie gefahren.«

»Nee, das ist es nicht.«

»Die vielen Leute überall? Die Politiker vielleicht?«

Ich schüttelte den Kopf. Es musste irgendetwas in der Luft sein. Und schlagartig fiel es mir auf: Es war windstill. Ein neunjähriges Mädchen von der Nordsee kam aus dem Staunen nicht heraus, dass so etwas möglich war. Ich hatte den Himmel auf Erden gefunden. Seitdem verbinde ich die Bonner Republik immer mit Blättern an den Bäumen, die sich keinen Zentimeter bewegen.

Zurück nach Nordfriesland: Wie ticken wir so? Nun, ich zitiere die messerschärfste Abhandlung über unsere Mentalität, die ich finden konnte: »Es heißt Moin. Moin Moin ist schon Gesabbel.« Wirklich, wenn Sie sich so ein doofes T-Shirt mit diesem Spruch kaufen, erweisen Sie sich als geprüfter Kenner unserer Psyche. Die Nordfriesen sind keine Meister großer Worte. Aber hat man sie einmal geknackt, hat man sie für immer. Übrigens: Man sagt wirklich nur »Moin«. Wenn Sie »Moin Moin« sagen, können Sie sich auch gleich ein Schild um den Hals binden: »Ich komme nicht von hier, möchte aber gern so tun, als ob.«

Aber die Nordfriesen können auch überschwänglich. Vor allem bei Torten. Alles, was wir uns an Worten sparen, stecken wir in Form von Sahne und Schmand und Zucker in unsere Torten. Googeln Sie mal nach »Trümmertorte«. Dann wissen Sie, wovon wir uns ernähren. Aus einer großen Springform kriegen wir maximal fünf bis sechs Stücke raus. Wer da knickert, macht sich unbeliebt.

Ich warne Sie übrigens vor: Sollten Sie mal zu einer Kaffeetafel eingeladen werden, stellen Sie Tage vorher das

Essen ein. Glauben Sie mir, Sie werden dankbar sein! Es gibt nämlich eine nordfriesische Tradition: Alle Torten und Kuchen werden linksherum im Uhrzeigersinn herumgereicht. Man nimmt sich nicht, worauf man am meisten Lust hat, sondern man hat sich von allem etwas zu nehmen! Wenn jemand eine Torte weiterreicht, ohne sich ein Stück abzuschneiden, wird dies mit Argusaugen beobachtet. Jutta hat den Käsekuchen ausgelassen. Stimmt was nicht mit dem? Oder ist was mit Jutta? Geht's ihr nicht so gut heute? Die wird doch jetzt nicht alle weiter … nein, Aufatmen, Jutta steigt bei der Marzipantorte wieder ein. Zwar unter Ächzen und Stöhnen, aber die Welt ist wieder in Ordnung. Nach Kuchen und Torten kommen nach einer kurzen Pseudo-Pause (man bleibt die ganze Zeit sitzen!) übrigens noch Kekse und Brote mit Käse. Wird auch alles nacheinander herumgeschickt. Linksherum.

Und Husum selbst? Erst einmal: Es ist KEINE Insel. Irgendwie scheint es wie die Bielefeld-Verschwörung zu sein, die die Legende nährt, dass Bielefeld nicht existiert. Alle Welt glaubt, dass Husum eine Insel ist. Mir ist das zum ersten Mal im Studium begegnet, als ich einer Freundin erzählte, dass ich an dem Tag noch nach Husum fuhr.

»Fährt denn noch eine Fähre?«, fragte sie mit großen Augen.

Seitdem kommt in Gesprächen auf »Ursprünglich komme ich aus Husum« regelmäßig die Reaktion: »Oh, wie schön, ein Inselkind!«

Sehen wir den Tatsachen ins Auge: Husum wäre liebend gern eine Insel, ist aber kurz vor dem großen Sprung auf dem schönen Festland gelandet. Darum sind wir auch ziemlich neidisch auf die Sylter, werden aber sofort panisch, wenn Sylter Verhältnisse bei uns aufziehen und die gesamte Husumer Altstadt mit Ferienwohnungen zugepflastert wird. Wenn uns auch kein mondäner Inselcharme umweht, können wir mit anderen Dingen punkten: einem wunderschönen Schloss, in dem vor 150 Jahren eine feministische, rebellische Gräfin lebte, Theodor Storm (der für nahezu jedes Haus herhalten muss à la »Hier lebte / aß / lachte / war mal zu Besuch / saß auf der Toilette Theodor Storm«), dem besten Käsekuchen der Welt (Café Jacqueline), dem besten Kaffee an der Nordsee (Künstlercafé), kleinen gepflasterten Gassen, die bald eine einstweilige Verfügung einreichen, weil sie nicht mehr fotografiert werden wollen, Bernds Schlossluke, an der sich die ganze Stadt trifft und stundenlang über die Welt philosophiert, und die alljährliche Krokusblüte, die den gesamten Schlosspark in Violett taucht und Unmengen an Reisebussen aus ganz Deutschland anspült.

Fast 25 000 Einwohner hat Husum, und jeder kennt jeden über 1,2 Ecken, maximal. (Weltweit sind es übrigens 6,6!) Es könnte auch sein, dass wir alle irgendwie miteinander verwandt sind, denn wir alle heißen Petersen, Ingwersen, Carstensen, Clausen, Andresen, Martensen oder eben Hansen. Die Endung stammt vom Ende des 18. Jahrhunderts: Als Nachname bekam das Kind den Namen des Vaters. Hieß dieser zum Beispiel Jens, hieß die Tochter automatisch Jensen mit Nachnamen.

Wenn ich danach gefragt werde, wie man »Hansen« schreibt, weiß ich, dass ich in weiter, weiter Ferne bin. Ich sage dann immer »ganz normal«, wobei das meist auch für keine Erleuchtung beim Gegenüber sorgt. »Ein ›s‹ und ein ›n‹«, kläre ich absurderweise auf und denke: »Wenn man das in Husum wüsste …«

Wenn ich dagegen in Husum meinen Namen angebe, werde ich erst einmal nach dem Vornamen gefragt. Doch auch »Anne Hansen« gibt es hier wie Sand am Meer, weshalb man mich nach meiner Straße fragt. Und selbst da ist die Wahrscheinlichkeit groß, dass hier mehrere Anne Hansens leben, deswegen ist eigentlich erst so richtig klar, wer ich bin, wenn ich die Hausnummer noch dazu sage. Ach, *die* Anne Hansen aus der Nummer 5.

8. Februar

Heute bin ich in die Søren-Kierkegaard-Falle getappt. Wem das nichts sagt: Von diesem dänischen Philosophen stammen die weisen Worte: »Das Vergleichen ist das Ende des Glücks und der Anfang der Unzufriedenheit.«

Bei mir war es heute so weit, als wir einen Spaziergang durch die Stadt machten und irgendwann am Marktplatz vor dem Husumer Wahrzeichen standen: Die »Tine«, eine große in Bronze gegossene Fischersfrau, blickt stolz gen Meer und empfängt heimkommende Fischer. Und, welchen Fang hast du heute gemacht? Welche Beute bringst du mit nach Hause? Na, dann zeig doch mal, was du dabei hast!

Ja, welchen Fang habe ich heute gemacht? Oder im Leben? Habe ich alle Schätze gehoben, oder liegt da noch etwas ziemlich Tolles auf dem Meeresgrund, an dem ich total unachtsam und deppert vorbeigeschippert bin? Derzeit herrscht jedenfalls Flaute, die Beute streichen andere ein. Während anscheinend alle auf große Expedition gehen und das Leben beim Schopfe packen, muss mein Schiff zurück in die Werft, um überhaupt wieder fahrtüchtig gemacht zu werden. Wieder da, wo ich geboren wurde, zurück auf Los. Los wie Loser? Irgendwie fühlt es sich gerade so an.

Wir Menschen sind ja unglaublich gut darin, uns permanent mit anderen zu vergleichen. Wer hat das größere Auto, wer die meisten Kinder, wer ist am dünnsten, wer verdient am meisten, wer lebt im Eigenheim, wer macht Fernreisen? In Studien hat man herausgefunden, dass die eigene Freude tatsächlich zu einem großen Teil davon abhängt, was die anderen haben. In einem Versuch hat man Menschen 100 Euro geschenkt. Wow, wie toll, danke, das ist ja der Wahnsinn, Hammer! Wenn nun aber dem Nachbarn 200 Euro geschenkt wurden und dies auch den Hundertern gegenüber offen gesagt wurde, freuten die sich plötzlich nicht mehr, sondern waren schlicht empört: Ich glaub, mein Schwein pfeift! Warum der? Immer habe ich so ein Pech. Man sah gar nicht mehr, dass man selbst 100 Euro gewonnen hatte. Sondern nur, dass der andere 200 hatte. Wir Deutschen sind quasi Vergleichsweltmeister.

Meine Freundin K., Single, kinderlos, mittelmäßig erfolgreich, aber rundum glücklich, würde nur unter Gewalt zu einem Klassentreffen gehen. »Ich bin doch nicht wahnsinnig. Bis ich dahin komme, habe ich keinerlei Probleme. Wenn dann aber diese Mein-Haus, Mein-Boot, Meine-Kinder-Nummer kommt, bekomme selbst ich schlechte Laune. Nee, das tue ich mir nicht an.«

Ich glaube, dass in die Heimat zurückzuziehen so eine Art Klassentreffen hoch zehn ist. Man muss sich nicht nur den ehemaligen Klassenkameraden »stellen«, sondern gleich einer ganzen Stadt, zumindest gefühlt. Und irgendwie erwartet man, dass man mit Pauken und Trompeten, reich beladen, gesund und munter und erfolgreich zurück in den Heimathafen kehrt. Bei mir fühlt es sich eher so an, als würde ich wie ein Stück Treibholz zufällig zurück an den Strand gespült werden. Etwas verdruckst, nicht einmal ganz funktionsfähig. Ich bin dann mal wieder da.

12. Februar

Noch nicht einmal zwei Wochen hier und doch hat meine Metamorphose schon begonnen. Zumindest äußerlich. Ich trage im Prinzip alles übereinander, was ich dabeihabe. Hinzu kommt 24/7 Merino-Thermo-Unterwäsche, und auf dem Kopf habe ich eine so große Wollmütze, dass locker noch drei Hundewelpen drunter passen würden. Bevor wir das Haus verlassen, zubbelt Axel immer an mir rum wie an einem dreijährigen Kindergartenkind.

»Also irgendwie sieht das komisch aus«, murmelt er und versucht mit beiden Händen, das Wollmützenmonstrum nach unten zu ziehen.

»Seh ich aus wie ein Gartenzwerg?«, frage ich und Axel lacht.

»Auf jeden Fall ulkig.«

Nach zwanzig Jahren Beziehung ist die Zeit schon lange vorbei, in der man sich nett anlügt.

Er zieht die Mütze nach unten, aber weil so viel Spannung auf dem Kessel ist, springt sie sofort wieder in den Originalzustand. Ich fühle mich wie eine Comicfigur aus *Beavis and Butt-Head*. Aber was soll man machen? Diese Mütze ist das einzige Exemplar, das zumindest einigermaßen warm hält. *Form follows function.*

Nach so einer langen Zeit im Exil habe ich die Kälte hier tatsächlich unterschätzt. In den letzten Tagen hatten wir viel Regen, viel Schneeregen, viel Graupelschauer – und das alles mit einer steifen Brise von der Seite. Wobei »Brise« verniedlichend ist. Stellen Sie sich Orkanböen vor, die so stark sind, dass Ihr Oberkörper nahezu im rechten Winkel nach vorne gebeugt ist. Dazu pressen Sie das Wollmützenmonstrum fest an die Ohren und tragen darüber noch eine eng anliegende Kapuze. Willkommen in Nordfriesland! Die Nässe zieht so richtig in die Glieder, die Straßen sind leer gefegt und jeder versucht einfach, unbeschadet von A nach B zu kommen. Neulich sah ich Axel und mich gespiegelt in einer Schaufensterscheibe. Wir sahen aus, als kämen wir gerade von einem Einsatz auf einer Ölbohrinsel.

Nur im Krankenhaus geht die Verwandlung noch schneller. Am Anfang mag man sich noch nicht einmal im Schlafanzug an den Tisch im eigenen Zimmer setzen, sondern zieht sich immer diszipliniert den Jogginganzug an, sobald man nicht im Bett liegt. Irgendwann schlurft man dann wie selbstverständlich mit Adiletten und Schlafanzug über die eigene Station. Und nur kurze Zeit später erreicht man die Königsklasse: Man sitzt im Schlafanzug unten im Foyer auf den öffentlichen Bänken und findet es ganz normal.

Der Mensch ist anpassungsfähiger, als man denkt.

15. Februar

Aus der Kriegsmarine kommt der Ausdruck »einen Schuss vor den Bug bekommen«. Wollte man ein feindliches Schiff stoppen (aber nicht zum Sinken bringen), feuerte man die Geschosse nur so weit, dass sie direkt vor dem Bug im Wasser landeten, ohne etwas zu beschädigen. Dem Kapitän aber war klar: Gibt er jetzt nicht auf und bremst ab, werden die Kanonenkugeln woanders landen. Ein letzter Warnschuss.

Genauso fühle ich mich: Ich bin noch mal davongekommen. Ich darf zwar nicht mehr reiten und muss beim Autofahren eine Halskrause tragen, aber mein Kopf ist nicht irreparabel beschädigt worden, das scheint nun sicher. Auch die Müdigkeit wird nicht für immer bleiben, glaubt man den Ärzten. Und trotzdem sitzt mir der Schreck noch in den Knochen. Denn was mir die Geschosse in den letzten Monaten gezeigt haben: Das Leben ist endlich. Ach, werden Sie jetzt vielleicht sagen, das fällt der mit vierzig ja reichlich früh ein.

Jajaja, das war mir vorher natürlich auch schon klar.

Es war auch nicht so, dass ich in einer rosaroten Traumwelt ohne Rückschläge und Probleme gelebt hätte. Aber die Wochen in der Horizontalen haben etwas verändert. Plötzlich ging es ans Eingemachte. Einer der berühmten Einschläge, die sprichwörtlich immer näher kommen, war direkt neben mir zu Boden gegangen und hatte mich ins Bett verfrachtet. Und was vorher so schön abstrakt war – Verletzlichkeit und Endlichkeit –, konnte nun nicht mehr als etwas abgetan werden, mit dem man nichts zu tun hat.

Dummerweise scheint das Krisenreservoir des Lebens prall gefüllt zu sein: Krankheiten, Arbeitslosigkeit, eine unerfüllte Liebe, Einsamkeit, der Tod eines geliebten Menschen … die Liste ließe sich wahrscheinlich ins Unendliche verlängern. Fast kommt es mir so vor wie der Moment, als man als Kind erfuhr, dass es keinen Weihnachtsmann gibt. Schlagartig wird man aus einer Illusion herausgeschüttelt. Willkommen auf dem Boden der Tatsachen. So geht es mir nach dieser Krise. Ach, so ist das. DAS ist das Leben? Und davon kommt noch mehr?

Neulich habe ich ein schönes chinesisches Sprichwort gelesen, wie man diesem wahren Leben begegnen sollte: »Bete nicht um leichtere Lasten, sondern um einen stärkeren Rücken.«

Wenn man mich faule Socke fragt, wäre ich ja für die leichteren Lasten, höhö. Aber wahrscheinlich kommt man nicht darum herum, diese Rückenmuskeln zu stärken. Wie das geht, muss ich allerdings noch herausfinden.

Was aber schon jetzt, nach meiner Unsere-Lebenszeit-ist-endlich-Erkenntnis, klar ist: Wir sollten unsere Zeit viel besser nutzen, als wir es für gewöhnlich tun. Irgendwie daddelt man ja doch oft vor sich hin (ich zumindest), und kaum hat man sich angezogen, ist der Tag auch schon wieder vorbei. Deswegen nehme ich mir fest vor, in einen »Zack-Machen«-Modus zu kommen, sobald das alles hier überstanden ist. Diesen Ausdruck hat meine Freundin Dörte erfunden, die gerade ein Baby bekommen hat. Sobald Hugo auch nur kurz schläft, entwickelt sie ungeahnte Kräfte – macht. Schnell duschen, schnell was kochen, schnell eine Freundin anrufen. Ich glaube, exakt das sollte jeder übernehmen. Sobald man fit ist und Zeit hat – wird gemacht. Nichts wird mehr verplempert oder aufgeschoben. Statt sollte, könnte, würde heißt es fortan: MACHEN!

Jetzt aber heißt es erst einmal, auf die Beine kommen, Rückenmuskeln antrainieren und eine Regenhose kaufen. Eins nach dem anderen.

18. Februar

Auf den Wind kann ich verzichten, aber das habe ich wirklich vermisst: Sünde. Seit ich weggezogen bin, habe ich mir dieses Wort abtrainiert. Niemand außerhalb von Nordfriesland versteht es. Schon in Hamburg erntet man nur Stirnrunzeln, und die Leute denken, man sei einer heiligen Ordensgemeinschaft beigetreten.

Um was geht es?

Heute traf ich in der Stadt zufällig Beate, meine Reitlehrerin aus Schulzeiten. Ich wollte es nicht komplizierter machen als nötig (es regnete von der Seite, mal wieder), und ich gab ihr auf die Frage, wie es mir geht, eine Art Kurzversion: »Geht so, um ehrlich zu sein, ich habe schon seit ein paar Monaten fiese Kopfschmerzen.«

Beate schüttelte den Kopf und sagte: »Och nee, das ist ja Sünde.«

Schlagartig war es da, das vergessene Wort. Und schlagartig war es toll! »Sünde« ist einfach eine empathische Allzweckwaffe.

Wie man es einsetzt?

»Wir waren auf Mallorca, und es hat fast die ganze Zeit geregnet.« – »Sünde!«

»Ulrike hat groß zum Geburtstag eingeladen, und nur drei Leute hatten Zeit.« – »Sünde!«

»Ich hatte gerade erst Grippe und bin nun schon wieder dick erkältet.« – »Sünde!«

Auf Hochdeutsch gibt es einfach kein ebenbürtiges Äquivalent.

»Das tut mir leid« stellt eher den Absender in den Mittelpunkt und nicht den armen Tropf, um den es eigentlich geht.

»Schrecklich« ist oftmals unpassend, weil zu schwer (»Wir sind extra noch zum Café Lassen gefahren, und dann war der Bürgermeisterstreifen aus, den wir so gerne mögen.« – »Schrecklich!«)

Und »Schade« (das zum Bürgermeisterstreifen gut passen würde) kann in anderen Kontexten zu ernsthaften Verwerfungen führen.

»Uwe wollte so gerne noch auf Kreuzfahrt gehen, aber sein Herz hat ihm einen Strich durch die Rechnung gemacht.« – »Schade!« – »ERNSTHAFT? DU FINDEST DAS SCHADE? UWE LIEGT IM KRANKENHAUS! SEIN HERZ MACHT NICHT MEHR MIT. UND DU SAGST SCHADE. ICH FASS ES NICHT. SCHADE. JAAAA, SCHADE FINDE ICH BALD AUCH GANZ VIEL. NÄMLICH WENN DU JETZT NICHT GANZ SCHNELL DIE BIEGE MACHST.« (Sie verstehen das Prinzip …)

»Du hast aber auch ein Pech« kommt dem Ganzen vielleicht am nächsten. Aber irgendwie gibt man dem anderen, der ja ohnehin schon vom Schicksal gebeutelt ist, noch so ein richtig blödes Gefühl mit auf den Weg, dass vor allem *er* Pech hat und es vielleicht etwas Persönliches ist.

Wie man's dreht und wendet: Es führt kein Wort an »Sünde« vorbei. Es ist ein Volltreffer. Nicht zu schwer, nicht zu salopp. Nicht egozentrisch, sondern uneigennützig. Nicht oberflächlich, sondern von Herzen kommend. Gemacht für die kleinen bis großen Katastrophen des Lebens. Breit einsetzbar und punktgenau mitfühlend.

Wäre es nicht wunderbar, wenn »Sünde« deutschlandweit zum allgemeinen Wortschatz gehören würde? Grundgütiger, ich sehe eine Bewegung vor mir: Alle gehen plötzlich viel wärmer und herzlicher miteinander um. Weil sie viel häufiger dem anderen gegenüber ihr Mitgefühl ausdrücken. Mit nur fünf Buchstaben.

Gänsehaut!

Vielleicht geht sich das alles doch noch gut aus.

26. Februar

Nicht einmal vier Wochen bis zum kalendarischen Frühlingsanfang, und ich überlege ernsthaft, mir einen Expeditionsparka zum Preis eines Kleinwagens zu kaufen. Es ist so kalt und windig und unwirtlich. Wusste gar nicht, dass es dieses Wort in meinem aktiven Wortschatz gibt, aber voilà: Sobald ich draußen bin oder nur nach draußen blicke, ist es da. Unwirtlich, denke ich. Ich bleibe aber standhaft und kaufe den Parka NICHT. So weit kommt es noch.

MÄRZ

»Alles außer lammweilig«

1. März

160 000 Schafe gibt es in Nordfriesland, genauso viele wie Einwohner. Die Restaurants überbieten sich darin, wer das beste Salzwiesenlamm macht, die hiesige Wirtschaftsförderung wirbt mit dem Slogan »Alles außer lammweilig« und das Jahreshighlight ist die Krönung der Lammkönigin. Seit diesem Jahr wählen wir übrigens gendergerecht Lammkönig*in und Lammprinzess*in, kurz das »MÄHjestät*innen-Duo«.

Obwohl Schafe in der Region omnipräsent sind, kenne ich wirklich niemanden, der in ihnen mehr sieht als ein lustiges Postkartenmotiv oder eine leckere Mahlzeit. Sie sind halt da, sehen alle gleich aus und rennen kopflos hintereinander her, wenn sich eins aus unerfindlichen Gründen in Bewegung setzt. Ihnen eilt nicht der beste Ruf voraus. Weil sie sich auch nicht streicheln lassen, sondern eine ungeahnte Geschwindigkeit entwickeln, wenn man sich ihnen auch nur von Weitem nähert, wird sich an ihrem Image wohl so schnell nichts ändern.

Auch ich hatte eigentlich nie einen Bezug zu ihnen. Das Einzige, das man lernt, wenn man in Nordfriesland aufwächst: Ist ein Schaf umgefallen, muss man es wieder aufrichten. Die Wolle wird manchmal durch den Regen so schwer, dass sie ihr Gleichgewicht verlieren und dann auf der Seite liegen. Kaum zu glauben: Ohne Hilfe von außen würden sie tatsächlich nicht lange überleben, denn alleine schaffen sie es nicht mehr zurück auf alle vier Beine.

Zweimal musste ich als Kind Lebensretter spielen. Meine Mutter feuerte mich von der Seite an (»Trau dich, das schaffst du«), und ich näherte mich diesem zappelnden, großen, panischen Etwas. Das Schaf riss die Augen immer weiter auf, je näher ich herankam. Und mir rutschte das Herz immer weiter in die Hose. Wir hatten beide Angst, so viel stand fest. Am Tatort angekommen, wuchs ich schließlich über mich hinaus, fasste mir ein Herz, griff in die dicke Wolle und schubste das Schaf auf die Beine. Von Dankbarkeit keine Spur. Das Schaf gab sofort Hackengas, nix wie weg, und musste sich erst mal von dem Schock erholen, gerade seine Unberührbarkeit verloren zu haben. So viel zu: Ich und die Schafe.

Heute allerdings kam es zu einer etwas anderen Begegnung …

Damit ich wieder zu Kräften komme, hat sich Sklaventreiber aka Axel vorgenommen, dass wir jeden Tag einen kurzen Spaziergang am Deich machen. Die letzten Tage folgten also nach dem Mittag exakt diesem Muster:

Wir fahren zum Deich.

Wir lassen unser Auto am Parkplatz stehen.

Ich öffne die Tür, schnappe nach Luft und sage: »Ich fass es nicht, wie kalt das ist.«

Axel sagt: »Oh Mann, das sagst du jeden Tag, es ändert doch nichts.«

Ich sage: »Trotzdem kann ich das doch wohl sagen.«

Axel sagt, Augenbrauen hochziehend: »Jeden Tag.«

Ich sage: »Pfffff.«

Wir nehmen die 43 Stufen hoch zum Deich, ich halte mich mit der einen Hand am Geländer fest, die andere presst die Mütze gegen die Ohren.

Oben angekommen, lasse ich den Blick übers Wattenmeer schweifen und denke kurz: »Es ist schon herrlich.« Und dann gleich: »Wenn der Wind nicht wäre.«

Axel sagt: »Es ist aber auch kalt.«

Ich sage, Augenbrauen hochziehend: »Ach nee.«

Wir gehen den Deich auf der Seeseite hinunter, ich hake mich bei Axel unter.

Wir bahnen uns den Weg durch die Schafe und die neu geborenen Lämmer, die allesamt panisch Reißaus nehmen, wenn wir uns nähern.

Unten drehen wir eine Runde durch das Vorland.

Gehzeit insgesamt: 15 Minuten. Gefühlt: Marathon. Es ist schon irre, wie erschöpft man bei Dingen sein kann, die sonst komplett selbstverständlich waren. (Wenn Sie den ganzen Tag einfach so durch die Gegend laufen können, machen Sie bitte SOFORT einen Schampus auf! Glauben Sie mir, auch so etwas vermeintlich Banales sollte man zu schätzen wissen.)

Machen Sie einen Schampus auf!

Eigentlich wollten wir heute an derselben Stelle umkehren wie jeden Tag, doch der Sklaventreiber fragte: »Schaffst du noch ein Gatter?« und ich sagte – welch ein Glück im Nachhinein –, »Ich versuch's!«

Wir öffneten das neue Gatter, und eigentlich hatte sich nichts geändert. Deich, Schafe, Wind – alles dasselbe. Doch schnell stellten wir fest, dass wir irgendwo anders gelandet waren. Weil gerade die Sonne rauskam und ich zudem eine Pause brauchte, setzten wir uns ins Gras und blickten hinaus aufs Watt. Plötzlich sah ich aus den Augenwinkeln, dass sich uns jemand näherte. Ein kleines Lamm stakste von hinten geradewegs auf Axel zu. Ziemlich wacklig auf den dürren Beinen, aber scheinbar das Ziel genau im Auge. Es kam immer näher und schnupperte schließlich höchst interessiert an Axels Kapuze.

»Okay, beweg dich nicht«, flüsterte ich. »Direkt hinter dir steht ein Lamm.«

Axel erstarrte sofort und auch ich hielt den Atem an. Jetzt bloß nicht verscheuchen. Ohne den Kopf zu bewegen, schielte ich so unauffällig wie möglich nach hinten. Ganz zart schnupperte das Lamm Axels kompletten Rücken ab, begutachtete jeden Zentimeter und dackelte, das gibt's doch nicht, nach vorne. Schließlich stand es direkt vor uns. Mit großen Augen sah es uns an und musterte uns von oben bis unten, so nach dem Motto: »*Von hinten kenne ich euch nun schon, jetzt wollte ich doch mal sehen, wie ihr so von vorne ausseht.*«

»Das ist ja zu putzig«, flüsterte Axel mit zusammengepressten Lippen, »so nah war ich einem Lamm noch nie.«

»Ich auch nicht«, flüsterte ich, wobei ich mich langsam fragte, warum wir flüsterten. Das Lamm schien nämlich in keiner Weise eingeschüchtert zu sein. Im Gegenteil. Es rückte uns unerschrocken auf die Pelle, schnupperte an den Schuhen, dann am Knie, dann an den Beinen, guckte uns immer wieder direkt in die Augen, und fast hörte ich es sagen: »*Wie putzig, so nah war ich einem Menschen noch nie. Was für lustige Wesen. Da muss ich echt mal genauer hinsehen.*«

Irgendwann wurden auch wir Menschen mutiger, und Axel streckte seinen Zeigefinger aus. Sofort schnupperte das Lamm daran und berührte ihn mit seiner feuchten Schnauze.

»Was bist du denn für ein Vogel?«, lachte Axel.

Bevor das Lamm antworten konnte (ich schwöre, es hätte »*Selber Vogel!*« gesagt und gelacht), kam ein großes Schaf samt Lamm im Schlepptau schnellen Schrittes auf uns zu.

Axel und ich waren total verdattert. Was passierte denn hier? Wir kamen gar nicht dazu, noch irgendwas zu sagen oder uns vom Fleck zu bewegen (so ein Schaf ist ganz schön groß, wenn man sitzt!), denn ehe wir es uns versahen, stand das Schaf direkt neben Axel und schubberte sich an seinem Oberarm. Dann hörte es auf und sah ihn fordernd an. Weil Axel nicht reagierte, schubberte es weiter und hielt erneut schlagartig inne. Wieder kam dieser fordernde, jetzt fast schon genervte Blick.

»Was will es von mir?«, fragte mich Axel, und ich zuckte mit den Schultern.

»Was fragst du mich? Ich kenne keine Schafe!«

Axel überlegte noch kurz, griff dann aber einfach mal beherzt ins Fell. Das Schaf schien erleichtert aufzuatmen. *»Du bist aber auch schwer von Kapee. Aber jetzt hast du's.«*

Während Axel das Schaf schließlich mit beiden Händen durchknetete (WTF?), hatte ich die beiden Lämmer an der Backe. Das zweite hatte sich zur Aufgabe gemacht, meine Schnürsenkel aufzumachen, und das erste sah mir so lange und tief in die Augen, als wollte es »Wer blinzelt zuerst?« spielen.

Ich hatte keine Ahnung, was hier passierte.

Was ich aber wusste: Es war das Schönste seit langer, langer Zeit.

2. März

Mein täglicher Rundgang, um zu Kräften zu kommen, stand wieder an. Und NATÜRLICH sind wir wieder zum Deichabschnitt gegangen, wo wir gestern die ungewöhnlichen Lämmer und Schafe kennengelernt haben.

Zum Glück haben wir auch Lamm Nummer eins wiedergefunden. Als es uns sah, rannte es auf uns zu, und ehrlicherweise hatten wir fast ein bisschen Angst, es zu streicheln. Städter denken bei so etwas gleich an Tollwut. Haben uns dann aber doch »getraut« und das Lamm todesmutig gekrault. (Heldenhaft, oder?!) Sie halten mich sicher für verrückt, aber ich bitte Sie. Haben Sie schon mal ein Lamm in freier Wildbahn erlebt, das seinen Kopf in die Hand eines

Menschen legt, dann die Augen schließt, einschläft und dabei zu lächeln scheint? Wenn da kein Tollwut-Alarm anspringt, weiß ich auch nicht mehr.

Drei Sachen haben wir noch herausgefunden, nein, vier:

1. Das Lamm ist kein Handlamm, was meine Mutter erst vermutete, als ich ihr erzählte, wie zutraulich es ist. Handlämmer sind Lämmer, die von Menschen mit der Flasche aufgezogen werden, weil sie zum Beispiel von ihrer Mutter verstoßen werden oder diese keine Milch für mehrere Blagen hat. Dadurch haben sie keine Scheu mehr vor den Menschen und lassen sich streicheln. Aber nein, »unser« Lamm ist ein richtiges, unverfälschtes Lamm, mit einer richtigen Mutter. Wir waren gerade dabei, seine Ohren näher zu begutachten (sie stehen fast im rechten Winkel vom Kopf ab, was irgendwie lustig aussieht), als ein großes Schaf irgendwo mähte. Das Lamm sprintete los, und wir sahen, wie es – zusammen mit einem anderen Lamm – gierig am Euter trank. Der Bruder/die Schwester (von Weitem nicht zu erkennen) sah Lamm Nummer eins dabei nicht im Geringsten ähnlich, sondern wirkte komplett zerrupft und nahezu derangiert. Die bucklige Verwandtschaft eben.

2. »Unser« Lamm ist ein Bock. Er hat – um mit den Worten von Loriot zu sprechen – ein Zipfelchen.

3. Wir haben einen kleinen grünen Strich im Nacken entdeckt, mithilfe dessen wir ihn ab sofort immer wiedererkennen werden.

4. Alle Schafe dieser Herde scheinen ein wenig komisch zu sein. Wir haben fünf große Schafe gestreichelt (die mochten das!!!) und sechs Lämmer. Höchst merkwürdig. Es war, als hätten wir das Gleis 9 ¾ von Harry Potter betreten. Zwischen Watt und Wiesen scheint sich eine komplette Parallelwelt zu verbergen.

Ach ja, wir haben Lamm Nummer eins »Lämmchen« genannt. Denn offensichtlich ist er es. Ein kleines, süßes, liebes, herzerwärmendes und höchst sonderbares Lämmchen.

6. März

Solange die Pfütze nicht zufriert, ist im Norden Sommer. Nirgends strahlt der Himmel so schön grau wie in Norddeutschland. Oder, passend zum Thema: Sturm ist erst, wenn die Schafe keine Locken mehr haben.

Ja, das Wetter im Norden muss sich so einige Sprüche anhören. Doch anscheinend möchte es auch partout seinem Ruf gerecht werden, denn gerade holt es sein ganzes Repertoire hervor, als wollte es vor uns angeben: Es stürmt, regnet, schneit und hagelt (in beliebiger Reihenfolge kombiniert). Ehrlicherweise war es im Februar fast mild dagegen. Das ist ja oftmals so mit der Rückblende: Wenn man gewusst hätte, dass es noch dicker kommt, wäre einem manches gar nicht so schlimm vorgekommen. Vielleicht könnte ich so die Denkschule der gut gelaunten Pessimisten gründen: »Die Kacke ist zwar am Dampfen, aber wer weiß, ob nicht noch was dazukommt. Also freuen wir uns mal lieber über den Mist, der schon da ist.«

Zurück zum Wetter – und dem, was es mit Menschen hier oben macht. Es hat eine solche Kraft und ist so viel gewaltiger als im Rest des Landes, dass der gesamte Tagesablauf davon abhängig gemacht wird und wir unsere täglichen Spaziergänge streng nach Regenradar und Windfinder ausrichten müssen. Normalerweise würde das Wetter auch meine Stimmung bestimmen, doch wie ein kleiner Sonnenstrahl, mit dem man nicht gerechnet hat, hat sich etwas den Weg durch die Wolken gebahnt: Lämmchen.

Noch am Dienstag waren wir uns nicht sicher, ob unsere Begegnung mit Lämmchen nicht ein klassisches One-Hit-Wonder war. Vielleicht war er nur auf uns zugerannt, weil er hoffte, etwas zu fressen zu bekommen. Man kennt das ja aus Streichelzoos. Plötzlich ist man von zwanzig dreisten, distanzlosen Ziegen umringt, die einen so lange belagern, bis sie auch den letzten Krümel aus dem Futterpäckchen abgegriffen haben. Wer seine Schuldigkeit getan hat, wird keines Blickes mehr gewürdigt und darf wieder gehen.

Dementsprechend aufgeregt waren wir, als wir nachmittags wieder zum Deich kamen: Würden wir Lämmchen in der großen Herde überhaupt wiederfinden? Wir würden ihn zwar am kleinen grünen Strich im Nacken erkennen, aber um den zu sehen, müssten wir erst einmal nah genug an ihm dran sein. Und würde er sich dann wieder streicheln lassen? Kurz: Wir hatten etliche Zweifel. Doch schnell sollten wir lernen, wie sinnlos es ist, sich über ungelegte Eier Gedanken zu machen.

Es ist sinnlos, sich über ungelegte Eier Gedanken zu machen!

Erst einmal jedoch waren wir überfordert, als wir die Herde erreichten. Wir warfen einen Blick auf die Schafe und Lämmer, die – bis auf das einzige schwarze Exemplar – alle gleich aussahen. Warum nur musste ich sofort an den Ausdruck »die Nadel im Heuhaufen suchen« denken?

»Wie sollen wir den denn finden?«, schnaufte ich frustriert. Als wir am Tag zuvor hier waren, standen die Lämmer fast direkt am Gatter, und Lämmchen konnte gar nicht anders, als uns direkt in die Arme zu laufen.

Aber nun, wenn der Prophet nicht zum Berg kommt, muss der Berg zum Propheten kommen. Also stapften wir so lange durch das matschige Gras, bis wir das erste Schafgrüppchen erreicht hatten. Ich hockte mich hin und rief einfach mal ins Blaue: »Lämmchen!«

Axel musste lachen. »Ernsthaft?«

Und tatsächlich löste sich ein kleines Lamm aus einer Fünfergruppe heraus und marschierte auf uns zu. Jetzt musste Axel noch mehr lachen. »Ich fass es nicht.«

Als es vor uns stand, wussten wir natürlich sofort, wer es sein musste, doch wie beim gründlichen Boardingvorgang am Flughafen kontrollierten wir vorsichtshalber noch mal den Ausweis. Yup, der kleine Strich im Nacken war zu sehen. Es war Lämmchen!

Schwanzwackelnd stand er vor uns, und wir streichelten ihn von beiden Seiten.

»Und wir hatten Zweifel, ob er sich überhaupt wieder anfassen lässt«, sagte ich zu Axel, während Lämmchen die

Vier-Hand-Massage mit geschlossenen Augen sichtlich genoss. Kaum hatte ich das ausgesprochen, öffnete Lämmchen die Augen und guckte mich an, als hätte ich nicht mehr alle Tassen im Schrank.

»*Mensch, Kinder, ihr denkt zu viel. Das könnt ihr euch schon mal merken: Alles wird gut!*«, hörte ich ihn sagen. Dann schloss er die Augen wieder und drückte seinen Kopf gegen meine Handinnenfläche.

»*Könnt ihr jetzt bitte weitermachen, ihr komischen Nasen? Oh ja, da vorne ist gut.*«

Jetzt musste nicht nur Axel lachen, sondern auch ich. Da standen wir im Nieselregen im Matsch, froren uns den Allerwertesten ab, kneteten ein kleines Lamm durch, und es war nicht klar, wer es gerade mehr genoss, das Lamm oder wir. Oder vielleicht auch beide?

10. März

Die letzten Tage waren wir immer zweimal am Deich. Neben der obligatorischen Runde nach dem Mittagessen haben wir (wenn es ausnahmsweise mal nicht schüttete) noch eine zweite Runde am späten Nachmittag eingebaut. Eigentlich viel zu anstrengend für mich, aber sobald ich zu Hause bin, denke ich jedes Mal: »Jetzt könnte ich dieses Lamm gut wieder sehen.« Also: Hin da, bei Wind und Wetter.

Und tatsächlich ist das Wetter so nebensächlich geworden wie ein Statist, der durch die Kulisse läuft, ohne groß zu stören. Sobald ich bei Lämmchen bin, kann ich abschalten.

Vom Regen, der von der Seite kommt, von den Kopfschmerzen und der Frage, wann ich wohl wieder ganz auf den Beinen sein werde. Lämmchen ist wie ein Filter, der sich über die Wirklichkeit legt. Weichzeichner und rosarote Brille in einem. Alles kommt mir plötzlich leichter vor.

Seit gestern ist der grüne Strich im Nacken übrigens nicht mehr zu sehen, weil er vom Regen weggespült wurde. Doch trotzdem erkennen wir Lämmchen inzwischen auf Anhieb! Er hat eine ganz besondere Kopfform, an seinem linken Vorderbein ist ein kleiner brauner Punkt im Fell versteckt und seine Ohren sind etwas breiter als die der anderen. (Überhaupt sieht kein Schaf oder Lamm aus wie das andere. Das kann nur jemand behaupten, der nicht wirklich hingesehen hat! Also ich vor … äh … ein paar Tagen. Mea culpa!)

Auch wenn wir inzwischen alle Lämmer ins Herz geschlossen haben (die wollen bis auf ein paar Ausnahmen ALLE gestreichelt werden), ist Lämmchen irgendwie anders als die anderen. Wenn er uns sieht, kommt er immer direkt zu uns.

»Da seid ihr ja, endlich!«

Als wir ihn vor ein paar Tagen streichelten (und staunten, das werden wir wohl irgendwie immer tun), machte Lämmchen aus heiterem Himmel eine komische Bewegung mit den Vorderbeinen. Erst dachte ich, er wollte treten (was ich mir nicht vorstellen konnte), aber dann sahen wir, wie die Vorderbeine einknickten – und sich Lämmchen zufrieden vor meine Füße legte.

»Wollt ihr euch nicht dazusetzen? Wäre doch viel gemütlicher.«

Mein Herz machte einen Satz.

Wenn der Deich nicht allzu nass ist, setzen wir uns tatsächlich hin und blicken gemeinsam mit Lämmchen aufs Meer. Manchmal kommen Fahrradfahrer vorbei oder auch Spaziergänger. Ein paar drehen sich nach dieser komischen Dreiergruppe um, einige rufen »wie süß!« rüber. Aber die allermeisten fahren oder gehen einfach dran vorbei. Nichts wie raus aus diesem Wind, schnell zu Hause sein, bevor es wieder regnet.

Sie sehen gar nicht, welchen Schatz wir da gefunden haben.

Als hätte er nur darauf gewartet, von uns gefunden zu werden.

12. März

Meine Mutter leidet manchmal unter Schlafstörungen, weil sie, die sich immer um alle und viel zu selten um sich selbst kümmert, nachts oft grübelt. Sie ist da durchaus großzügig und denkt vom anstehenden Urlaub meiner Schwester, dem TÜV-Termin nächste Woche bis hin zu Putin und dem Nahostkonflikt alles durch, was nicht bei drei wieder vergessen ist.

Seit Kurzem hat sie dafür einen Grübelstuhl, das hat sie in einer Gesundheitssendung im Dritten gesehen. Die Idee: Wenn man nicht schlafen kann, setzt man sich auf diesen Stuhl und gibt sich offiziell die Erlaubnis zum Grübeln. Man tut dann nichts anderes, als sich einmal um die Probleme dieser Welt zu kümmern. Und wenn man fertig ist, legt man sich ausgegrübelt ins Bett – und schläft. Probieren Sie es aus, meine Mutter schwört auf dieses Konzept! Wenn denn nicht immer mehr Themen mit auf den Grübelstuhl müssten. Ganz neu im Programm: Lämmchen. Genauer: die Tatsache, dass er ein Bock ist und somit wie alle männlichen Lämmer zum Schlachter kommt. Während ich das bisher erfolgreich verdränge, sind meiner Mutter die Folgen wohl bewusst. Je mehr ich schwärme, desto länger sitzt sie auf dem Grübelstuhl.

»Hättest du dich nicht in ein anderes Schaf verlieben können? Vielleicht ist da ja auch ein weibliches Lamm, das ganz niedlich ist«, sagte sie, als sie Lämmchen nur vom Hörensagen kannte.

Als sie dann zwei Tage später mit zum Deich kam und Lämmchen kennenlernte, schüttelte sie nur ungläubig den Kopf: »*Natürlich* ist es Lämmchen geworden.«

Lämmchen hatte sich nach einer ausgiebigen Streicheleinheit direkt hingelegt und seinen kleinen Kopf auf meinen Oberschenkel gelegt. Während ich seine Ohren massierte, machte er die Augen zu. »Das hab ich wirklich noch nie gesehen. Das muss ich fotografieren!« Meine Mutter holte ihr Handy aus der Tasche.

»Guck mal, Lämmchen!«, rief sie, und Lämmchen guckte tatsächlich direkt in die Kamera.

»Verrückt.«

Inzwischen habe ich Lämmchen allen vorgestellt: meinem Vater, meiner Tante Elke und ihrer Frau, meiner Schwester und meiner Freundin Petra, die ich kenne, seit ich null bin (so etwas kann man auch nur in der Heimat schreiben).

Lämmchen ist jetzt offizieller Teil der Familie. Von diesem harten Kern darf er auch gerne gestreichelt werden. Natürlich, er ist ja einer von uns! Ich habe aber festgestellt, dass ich total eifersüchtig werde, wenn Touristen ihn entdecken. Neulich: Ich kam an den Deich und sah, wie sich eine Familie um ein Lamm versammelt hatte. Das wird doch nicht ... doch, natürlich war es Lämmchen. Die beiden Kinder hatten Lämmchen links und rechts eingekeilt, sodass er sich nicht bewegen konnte, und drückten ihn immer wieder wie ein Stofftier an sich. Die Mutter hockte zwei Meter vor ihnen auf allen vieren und knipste sich einen Wolf, und der Vater stand hinter Lämmchen und den Kindern und machte Daumen hoch in die Kamera. Es durfte nicht wahr sein. Ich hatte mir extra ein Buch mitgenommen und wollte bei Lämmchen ein wenig lesen. Diese Familie verhagelte mir den ganzen Nachmittag. Wahrscheinlich noch mehr! Oder haben die Ferien in NRW nicht gerade erst angefangen? Sah schon, dass die jetzt jeden Tag zu Lämmchen wollten. Was folgte, ist mir immer noch unangenehm. Ich habe auch immer noch Gewissensbisse der Familie gegenüber, und gleichzeitig ist es mir furchtbar peinlich. Ich meine, es geht um ein Schaf! Aber bitte, ich sag es Ihnen: Schnellen Schrittes ging ich auf die Familie zu und wedelte schon von Weitem alarmierend mit den Armen.

»Stimmt was nicht?«, fragte die Frau, direkt in Habachtstellung, als ich angekommen war. (Das kleine Mädchen vergrub gerade seinen Kopf in Lämmchens Fell, und der Junge zog an seinen Ohren.)

»Ich kenne das Schaf«, sagte ich, »es hat leider Durchfall. Ich würde es eher nicht streicheln.«

»Großer Gott!« Der Vater sprang von hinten auf die beiden Kinder zu und zerrte sie von der Bakterienschleuder weg.

»Papaaaa«, sofort quengelte das Mädchen, wurde aber von der Mutter beruhigt.

»Sophia, das Lamm ist krank, wir dürfen das jetzt nicht mehr streicheln.«

Nachdem sie alle Hände hektisch mit Sagrotan versorgt hatte, bedankte sie sich bei mir.

»Nicht dafür«, sagte ich generös. »Das konnten Sie ja nicht wissen.«

Zwei Tage später hat Lämmchen dann tatsächlich Durchfall bekommen. Das nennt man dann wohl *Self-Fulfilling Prophecy* oder: Kleine Sünden bestraft der liebe Gott sofort. Meine Mutter ist begeistert davon. »Man muss jetzt nur immer gucken, wer den schmutzigsten Hintern hat. Ist doch toll, dass man Lämmchen so schnell erkennt.«

24. März

Ich weiß, lange nicht geschrieben. Aber eine Herde Schafe kam dazwischen. Und zwei Wochen tägliche Forschungsarbeit à la Jane Goodall. Jeden Tag waren wir bei ihnen am Deich, und ich vermelde: Wir haben uns erfolgreich rangewanzt – und wissen jetzt ALLES!

Als wir die Herde kennenlernten, hätte ich alle Schafe grob in vier Kategorien eingeteilt:

Lieb, auch lieb, nicht ganz so lieb, vielleicht-lieb-aber-unklar-weil-lässt-sich-nicht-streicheln.

Jetzt, zwei Wochen später, könnte ich von jedem ein Psychogramm nach Myers-Briggs erstellen. Nie im Leben hätte ich gedacht, dass Schafe so unterschiedliche Charaktere haben. Es ist eigentlich alles wie bei uns Menschen. Manche nett, manche blöd, manche deppert, manche schlau. Wobei der IQ der *Gauss'schen Normalverteilung* folgt. Ich sag ja: Alles wie bei uns.

Also, Vorhang … äh … Gatter auf! Wen haben wir da alles?

Lämmchen. Lämmchen ist lieb. Das war uns natürlich innerhalb einer Sekunde klar. Mit der Zeit haben wir aber noch viel mehr Seiten entdeckt. Er ist unglaublich sozial und reif für sein Alter. Und gemütlich und bequem ist er auch. Dieses Konglomerat führt dazu, dass er fast den ganzen Tag wie der Vorsitzende eines Ältestenrats zufrieden im Gras liegt und das Leben genießt. Rumhüpfen? Viel zu anstrengend! Mit den anderen Lämmern ausbüxen und sich durch den Maschendrahtzaun quetschen, damit man weitab im Vorland illegal grasen kann und besorgte Touristen die Polizei rufen? Gott bewahre, diese Kindsköpfe! Was soll der Stress? Er ist einfach rundum happy mit sich und der Welt. Wahrscheinlich ist er das, was man für gewöhnlich »angekommen« nennt. Mit sich im Reinen und so tiefenentspannt, dass es abfärbt. (Wenn man mit Lämmchen zusammen ist, merkt man förmlich, wie der Puls runtergeht und alle Sorgen dieser Welt ein kleines bisschen kleiner werden.)

Wir nennen ihn auch den »Buddha vom Deich«. Alle Achtsamkeitsseminare für gestresste Manager könnten eigentlich sofort ihren Dienst einstellen, man müsste die ganzen CEOs nur zu Lämmchen bringen. Er würde auf ihrem Schoß einschlafen und im Takt der Wellen kleine, beruhigende Rülpser absetzen. Manchmal habe ich Sorge, dass die Buddhisten von Lämmchen spitzkriegen und in ihm die Reinkarnation eines spirituellen Führers sehen. Dann mal gute Nacht! Wahrscheinlich könnte ich ihn nur noch im Rahmen von offiziellen Zeremonien besuchen und … großer Gott, ich schweife ab. Zurück zu den *hard facts*: Lämmchen ist herzensgut. Wäre er ein Mensch, würde man ihm sofort den Haustürschlüssel anvertrauen, und wenn man aus dem Urlaub käme, hätte Lämmchen nicht nur alle Blumen in Schuss gehalten, sondern auch gleich noch alles Mögliche repariert. Wenn man dann ungläubig die perfekt angebrachte Fußleiste bestaunt hätte, würde Lämmchen sagen: »Nun kommt erst mal an und setzt euch. Ich hab ein paar Schnittchen vorbereitet, und dann erzählt ihr in Ruhe, was ihr Tolles erlebt habt.«

Das Schönste ist, wenn Lämmchen mir in die Augen guckt. Natürlich, das passiert eigentlich ständig. Aber sehr, sehr selten (bisher dreimal!) auf eine ganz besondere Art und Weise. Wenn es so weit ist, schließt er die Augen zuerst für einen langen Moment und öffnet sie dann wie in Zeitlupe. Und dann sieht er mich an. Aber nicht flüchtig und oberflächlich, sondern eindringlich. So, als würde er direkt in meine Seele schauen wollen. In seinem Blick liegt dann so viel Wärme, Wissen, Weisheit und Güte, dass ich jedes Mal gerührt bin. Da sieht mich jemand. Ein paar Sekunden hält dieser Blick an. Dann widmet sich Lämmchen wieder seinen normalen Aufgaben aka Grasen und Relaxen, und ich schreie laut über den ganzen Deich: »Aaaaahhhh, Lämmchen hat mich angeguckt.« Man wird mich bald einweisen.

Den zerrupften Bruder von Lämmchen haben wir *Partyboy* genannt. Auf allen Ebenen ist er das komplette Gegenteil von Lämmchen. Allein die Optik: Während Lämmchen total ordentlich aussieht (bis auf seinen schmutzigen Hintern, denn er, ähem, er hat immer noch oft mit der Verdauung zu tun), wirkt Partyboy immer, als käme er direkt aus dem Berghain. Über seiner Stirn wackeln drei borstige Fransen hin und her, und am liebsten würde man für ihn einen Termin beim nächsten Friseur vereinbaren. Er sieht nicht nur verlebt aus, sondern verhält sich auch so, als sei er fester Bestandteil der Husumer Partyszene (ist zwar nicht existent, aber irgendwo muss er einen Höllenschlund entdeckt haben). Bis zum frühen Nachmittag liegt er vollkommen desorientiert und verkatert-lethargisch in der Gegend rum. Man wüsste zu gern, wo er sich die Nacht um die Ohren geschlagen hat. Je später es aber wird, desto mehr kommt Bruder Leichtfuß in Fahrt. Er macht jeden Schnürsenkel auf, den er kriegen kann, knabbert am Reißverschluss, steckt seinen Kopf in den Rucksack, will einem die Picknickdecke wegziehen und zubbelt so lange an der Fahrradkette, bis sie abfällt. Bei allem scheint er ein schelmisches Grinsen im Gesicht zu haben, und er freut sich diebisch, wenn wir uns künstlich empören.

Partyboy und Lämmchen haben bis auf ihre gemeinsamen Trink-Orgien am Euter ihrer Mutter nicht wirklich was miteinander zu tun. Lämmchen scheint regelmäßig mit den Augen zu rollen, wenn Partyboy wieder verkatert aus irgendeiner Ecke kommt und dann sofort wieder auf die schiefe Bahn gerät (Lämmchen hat nämlich ÜBERHAUPT kein Verständnis dafür, wenn Lämmer frech sind und Rucksäcke oder so anknabbern). Und umgekehrt hat Partyboy überhaupt kein Verständnis dafür, dass wir ausgerechnet mit dem größten Spießer am Deich abhängen. »*Leute, ihr könntet so viel mehr Spaß haben. Warum muss es ausgerechnet dieser Langweiler sein?*« Aber beide teilen ihr großes Herz und mögen sich. Wenn sie zufällig mal nebeneinander liegen, muss man unwillkürlich lachen. So ein ungleiches Paar! Manchmal, denke ich, kann ich sie hören:

»*Diggi, irgendwie feier ich dich!*« (Partyboy)

»*Auf wundersame Art und Weise ergänzen wir uns doch ganz gut.*« (Lämmchen)

Bruder haben wir Bruder genannt, weil wir erst dachten, er sei ein weiterer Bruder von Lämmchen, denn er sieht ihm nicht nur zum Verwechseln ähnlich, sondern er ist auch genauso lieb und gutmütig. Doch je mehr wir ihn besser kennenlernen, merken wir, dass er doch ganz anders drauf ist. Sicher hätte er auch die Fußleiste repariert, aber ich würde nicht meine Hand dafür ins Feuer legen, dass er beim Grillen mit den Nachbarn nicht mal einen über den Durst trinkt und dann irgendwas Peinliches sagt. Er ist doch ein wenig einfacher gestrickt, höhö.

Fast die ganze Herde haben wir inzwischen getauft. Auch solche Schafe, mit denen wir gar keinen engeren Kontakt haben. Da stand dann das Aussehen Pate. *Schäfer-Gümbel* zum Beispiel zählt dazu (die Ähnlichkeit ist schlichtweg erdrückend). Oder *Gabriele Krone-Schmalz*, die ehemalige Moskau-Korrespondentin der ARD. Ich sag's Ihnen: eins zu eins am Husumer Deich! Der Bruder von *Bruder* hat leicht gelbliches Fell, also heißt er *Mister Sunshine*. Ein Schaf sieht so alt aus, dass wir es *Oma* genannt haben. Und ein anderes ist so klein (dabei ist es definitiv kein Lamm), dass aus ihm kurzerhand *Baby* wurde. *Old Shatterhand* hat an allen vier Beinen, der Brust und dem Kopf ein so symmetrisches braunes Muster, dass man denkt, er würde in seinem Kostüm gleich bei den Karl-May-Festspielen in Bad Segeberg auftreten. Lustigerweise sieht er nicht nur wie ein echter Jeck aus, sondern benimmt sich auch so. Er findet es nämlich gar nicht lustig, dass man es lustig findet, wie er aussieht. Wenn man auf ihn zeigt und lachen muss, schaut er einen tief beleidigt an und rennt weg. Genauso erging es mir im ersten Semester in Köln. Als ich am Rosenmontag morgens in der Bahn einen alten Mann bierernst im Hasenkostüm sitzen sah und lachen musste, guckte er nur grimmig zurück. Karneval hat mit Spaß nichts zu tun. Darin ist man sich am Kölner Neumarkt und auf dem nordfriesischen Deich einig.

Auch die Mutter von Old Shatterhand sieht aus, als hätte sie ein Kostüm an. Mit ihren braun-weißen Schattierungen an Kopf und Beinen ist sie auch eins der hübschesten Schafe, aber wir werden einfach nicht warm mit ihr. Sie geht so schmallippig und griesgrämig durch die Welt, dass man sie immer fragt: Welche Laus ist dir denn heute über die Leber gelaufen? Und: Nur über ihre Leiche würde sie sich streicheln lassen. Überhaupt ist sie sehr misstrauisch – uns gegenüber und der Tatsache, dass die anderen Schafe immer mit uns abhängen. Weil sie aber so lustig aussieht, kommt sie mir manchmal vor wie ein Komiker, den man bloß nicht ansprechen darf, wenn man ihn auf der Straße sieht. Die größten hauptberuflichen Witzbolde sind im Privaten oft ja leider sehr humorbefreit.

Und dann gibt es noch *Heidi Klum* – auch ein Bock übrigens, aber es IST einfach Heidi Klum. Sie tauchte irgendwann scheinbar aus dem Nichts auf: das schönste Lamm, das wir jemals gesehen hatten! Ihr Fell war so weiß, dass wir unseren Augen nicht trauten. Sie hatte nicht einen einzigen Köttel irgendwo kleben (was, glauben Sie mir, nicht möglich ist!) und ihren Kopf und ihre Ohren hätte man schöner nicht malen können. Ein Schaf, nicht vom diesem Deich! Wenn sie läuft, setzt sie grazil einen Fuß vor den anderen, und wenn sie sich hinlegt, klemmt sie ein Bein unter ihren Bauch und streckt das andere elegant nach vorne. Den Kopf hält sie grundsätzlich immer einen Tick zu hoch, sodass man sie im wahrsten Sinne des Wortes für hochnäsig halten kann (typischer Fall von: das schönste Mädchen aus der Klasse, aber arrogant bis zum Umfallen). Doch das Gegenteil ist der Fall: Heidi Klum ist einfach nur lieb. Und – nach Lämmchen – die Anhänglichste von allen. Sie kennt überhaupt keine Distanz. Sobald sie einen sieht, kommt sie schnurstracks aus hundert Meter Entfernung angelaufen. Dabei klettert sie über alle Hindernisse einfach hinweg (Rucksäcke, Fahrräder), nur damit sie keinen Meter von der Luftlinie entfernt zu viel gehen muss. Wenn sie dann bei einem angekommen ist, läuft sie einfach weiter. Bis ihr Mund das eigene Gesicht berührt. Am liebsten will sie nämlich Wange an Wange stehen, und jedes Mal gibt es große Diskussionen. »Bitte, Heidi, das geht doch nicht. Das ist zu eng. Ich seh nichts mehr. Bitte leg dich hin.« Irgendwann gibt sie tatsächlich auf, legt sich hin und quetscht sich aber so dicht an einen ran, dass sie möglichst viel Körperkontakt hat. Ein wunderschöner Klammeraffe.

Nicht nur bei den Lämmern gibt es die ganze Bandbreite menschlicher Charaktere. Auch bei den Müttern haben wir komplett unterschiedliche Individuen kennengelernt: Manche sind mutig (»Geh nur zu den Zweibeinern«), manche übervorsichtig. Manche sind etwas deppert, manche super intelligent. Abgebrühte gibt es ebenso wie Naive, Faule ebenso wie Aktive. Einige sind an ihren Sprösslingen gänzlich desinteressiert, bei manchen ist plötzlich klar, woher der Name »Rasenmäher-Mütter« stammt. Sie müssen ständig an ihren Lämmern kleben und mähen hysterisch, wenn sie mal ein wenig weiter weg sind.

Kennen Sie Menschen, die bei jedem Gespräch zwar dabei sein wollen, sich aber selbst nicht beteiligen? Das ist *die Neugierige*. Sie kommt immer sofort angelaufen und lässt sich – na schön, von mir aus, wollt ihr unbedingt, dann macht mal – auch gerne streicheln. Aber das ist nicht ihr Hauptanliegen. Ihr geht es um: Lauschen. Dabei sein. Mitkriegen, was gerade *talk of the town* ist. Neulich saßen Axel und ich auf dem Deich und schauten aufs Meer. Das ist ja sowieso ein Phänomen: Für den Menschen scheint das Meer wie eine Kompassnadel zu sein. Man kann gar nicht anders, sondern muss sich zwangsläufig danach ausrichten. Vielleicht sind wir wie eine Pflanze, die ihre Blätter der Sonne zuwenden muss. Ohne Licht kein Wachstum, ohne Meerblick kein Ankommen. Obwohl ich zwar immer noch in 80 Prozent der Zeit am Deich wahlweise »Puh, das ist aber auch kalt« oder »Wenn doch bloß der Wind nicht wäre« denke, denke ich zumindest in den restlichen 20 Prozent: »Das Meer hat schon was Beruhigendes.« Immerhin. Es geht aufwärts.

Wir saßen also nebeneinander, doch die Neugierige quetschte sich irgendwie zwischen uns, und wir machten Platz. Zu dritt blickten wir parallel aufs Meer. Auch wenn es sich nachweislich um ein Schaf handelte, das uns nachweislich nicht verstehen konnte und nachweislich auch nicht seinen Senf zu unserem Gespräch dazugeben konnte: Irgendwie waren wir gehemmt, uns ganz normal zu unterhalten. Denn die Neugierige, das war klar, hatte ihre Lauscher an. Wir versuchten dann doch, den stummen Fisch neben uns auszublenden, und unterhielten uns über dies und das. Die Neugierige hörte angeregt zu und drehte manchmal sogar ihren Kopf zu einem von uns. So nach dem Motto: »Ach was!«, »Sag bloß!«

Aber wir hoffen, dass unsere Gedanken bei ihr gut aufgehoben sind. Sie ist zwar unglaublich *nieschirich* (wie es auf Plattdeutsch heißt), aber wenn wir Glück haben, kann sie die ein oder andere Info für sich behalten.

Dann gibt es noch die *Nummer 83* und *Nummer 57*. (Jetzt habe ich doch prompt ein schlechtes Gewissen, dass die beiden keine richtigen Namen haben, sondern einfach wie ihre Ohrnummern heißen. Kommt Zeit, kommt Name!)

Nummer 83 und *Nummer 57* sehen und sind sich ziemlich ähnlich. Beide wollen UNBEDINGT gestreichelt werden und fordern das auch vehement ein. Der Unterschied: *Nummer 83* ist dabei sehr höflich und so gut erzogen, dass sie nach der Massage noch länger bei einem stehen bleibt und zumindest so tut, als fände sie das Zusammensein auch ohne Gegenleistung ganz nett.

Nummer 57 hat nicht so gute Manieren. Bei ihr ist man wirklich reiner Erfüllungsgehilfe. Sobald sie einen sieht, kommt sie mit schnellen Schritten auf einen zu. Ohne um den heißen Brei herumzumähen, macht sie einem unmissverständlich klar, was man zu tun hat: Jetzt pack mal ordentlich zu! Sie lehnt sich mit solcher Kraft gegen die Beine, dass man fast umkippt, schubbert ihren großen Kopf gegen die Knie und gibt nur Ruhe (zumindest einigermaßen), wenn man sie mit beiden Händen einmal richtig durchwalkt. Wäre sie ein Mensch, würde sie bei der Thai-Massage »doller, doller, doller« schreien. Nach erhaltener Anwendung stampft sie ohne ein Dankeschön oder Verabschieden sofort wieder ab. Definiere: Ego-Trip!

Das mit Abstand schlaueste Mutterschaf ist *Saul*: Wir haben sie nach dem Geheimagenten »Saul Berenson« aus der US-Serie »Homeland« benannt. Wer die Serie nicht kennt: Saul Berenson ist der Leiter einer CIA-Abteilung und hilft als stille und allwissende Eminenz im Hintergrund, Terroranschläge zu verhindern. (Könnte »unsere« Saul sicher auch! Sollte mal ein Verbrechen am Deich passieren, würde ich die Ermittlungen sofort in ihre Hände geben.)

Sie ist das einzige schwarze Schaf der Herde, was – wie ich gelesen habe – für die Herde von großer Bedeutung ist. Das Ur-Schaf nämlich war schwarz, und weiße Schafe waren die absolute Ausnahme. Als der Mensch aber vor 9000 (!) Jahren begann, mit Schafen zu züchten, vermehrte er vor allem die weißen Schafe, da sich ihre Wolle leichter färben ließ.

Heute kommt nur etwa jedes dreihundertste Schaf schwarz auf die Welt.

Dabei freut sich jeder Schäfer, wenn er eins in seiner Herde hat. Denn so sind die übrigen Schafe an den Anblick schwarzer Tiere gewöhnt und haben weniger Angst vor Wildschweinen. Diese sind für Schafe nämlich meist ungefährlich, aber sie können Panik in der Herde auslösen, was der Schäfer natürlich vermeiden will. Damit die Tiere in so einem Fall ruhig bleiben, hat man gern schwarze Schafe in den Reihen.

Zurück zu Saul: Saul ist unglaublich stolz und durchschaut alles und jeden. Fetzt die Herde aus unerfindlichen Gründen doch mal los, rennt sie nicht hinterher, sondern bleibt erst einmal stehen und analysiert die Lage. Sie behält immer einen kühlen Kopf, ist sehr mutig und die Erste, die an komischen Wesen, wie zum Beispiel vorbeikommenden kleinen Hunden, schnuppert. Dabei hat sie so etwas Weises und Vertrauensvolles an sich, dass man ihr, wie gesagt, sofort ein wichtiges Amt anvertrauen würde. Sie mag auch außerordentlich gerne gestreichelt werden. Dabei ist sie aber weder fordernd noch bedürftig. Es ist einfach immer ein kurzer Schnack auf Augenhöhe. Obwohl nicht ganz: Saul ist eindeutig schlauer als wir.

Deswegen haben wir uns auch gewundert, dass ihr Nachwuchs so aus der Art schlägt. Wobei wir ihr da erst unrecht getan haben. Aber die Wahrheit war dann auch nicht besser. Doch der Reihe nach.

Zunächst dachten wir, dass *Saul Junior* ihr Kind ist: ein wunderschönes Lamm mit einer speziellen schwarz-weißen Färbung im Gesicht (wie ein Lorbeerkranz im alten Rom). Doch a) ist Saul Junior gar nicht Sauls Kind (der Name bleibt aber jetzt) und b) hat er es faustdick hinter den Ohren und ist charakterlich von Saul so weit entfernt wie Al Capone von Mutter Teresa. Mit Saul Junior verbindet uns eine Hassliebe. Sobald man nur kurz aufhört, ihn zu streicheln, stößt er einen mit voller Wucht in die Seite. Das meint er auch durchaus ernst. Wir haben ein regelrechtes Stockholm-Syndrom und streicheln immer gestresst gegen blaue Flecken an. Richtige Angst haben wir aber nicht vor ihm. Er ist nicht die hellste Kerze auf der Torte und wäre in einer Gang eher der Handlanger, der zwar die Drecksarbeit erledigt, das große Ganze aber nicht versteht.

Was waren wir erleichtert, als wir feststellten, dass Saul Junior nicht das Kind von Saul war. Doch als wir dann sahen, wer wirklich ihr Kind war, hätten wir uns fast Saul Junior zurück an ihrer Seite gewünscht. Denn ausgerechnet der Kopf der ganzen Lämmerbande ist es: *Trouble Kid.* Er ist ein wirklich verschlagener Typ, noch dazu ziemlich schlau und komplett angstfrei. Er ist unglaublich hübsch, groß und bemuskelt und kann aus dem Stand einfach mal über einen hohen Zaun springen. Am Menschen ist er gänzlich uninteressiert. Er kommt höchstens mal kurz vorbei, um misstrauisch die Lage abzuchecken, findet es aber total *creepy*, wenn man ihn streichelt. Saul scheint regelmäßig zu sagen: *»Fragt mich nicht, ich weiß nicht, wo er falsch abgebogen ist.«*
Das Fatale ist: Trouble Kid hat Einfluss. Die anderen Lämmer bewundern ihn. Wenn er will, muss er nur einmal schnipsen und alle tanzen nach seiner Pfeife. So kommt es regelmäßig zur Gruppenbildung, angeführt von Trouble Kid.

Einmal schaffte er es sogar, den Harmlosesten von allen – Lämmchen! – zur Schlägerei anzustacheln. Als wir den Deich betraten, spürten wir sofort, dass irgendwas in der Luft war. Mehrere Lämmer rangelten miteinander. Wie Halbstarke stießen sie sich gegenseitig in die Seiten, rammten die Köpfe ineinander und hatten sich dann minutenlang verkeilt. Plötzlich sahen wir: Lämmchen ging gerade mit verwegenem Gesichtsausdruck auf Saul Junior los.

»Lämmchen!«, stöhnte ich tonlos.

»Wir müssen ihn da rausholen«, sagte Axel.

Wie Eltern, die ihren grölenden Teenager morgens um vier aus der Disco holen müssen, starrten wir fassungslos auf die Tanz... äh ... Grasfläche.

»Das findet er jetzt nicht lustig«, sagte Axel, »aber später wird er uns dankbar sein.« Ich nickte. Zusammen begaben wir uns ins Epizentrum der Gang und schirmten Lämmchen von den anderen ab. Trouble Kid konnte nicht glauben, dass Lämmchen ernsthaft bei uns blieb und nicht gegen diese Spießer rebellierte. Noch nie habe ich so viel Verachtung in zwei Augen gesehen.

So, jetzt kennen Sie die ganze Herde.

Aber ich muss noch etwas gestehen. Als wir neulich mit Lämmchen, Partyboy, Bruder und Heidi Klum auf dem Deich chillten, sprengte Trouble Kid diese harmonische Runde, indem er einfach wie ein Berserker quer durch die Gruppe rannte und dafür sorgte, dass die Lämmer in alle Himmelsrichtungen auseinanderstoben und wir alleine zurückblieben. Im Affekt schrie ich ihm hinterher: »Ich mach drei Kreuze, wenn du beim Schlachter bist!«

Sofort wollte ich alles zurücknehmen.

Natürlich sollte Trouble Kid NICHT zum Schlachter.

Keiner der ganzen Herde sollte es.

Niemals.

25. März

Wir haben das Vogelhaus unserer Vormieterin reaktiviert, das seit ihrem Aus- und unserem Einzug ein trostloses, vergessenes Dasein in der hintersten Ecke des Gartens fristete. Heute hat Axel es so vor unsere Terrasse gestellt, dass wir vom Sofa aus einen freien Blick drauf haben. Drei Meisenknödel aufgehängt und Action, bitte!

Um ehrlich zu sein, interessieren mich Vögel nicht die Bohne. Und das, obwohl ich während der Oberstufe sogar mit einem Zivi der Schutzstation Wattenmeer zusammen war, der Herzkammer der Ornithologen sozusagen. Seit über sechs Jahrzehnten betreut die Schutzstation den Nationalpark Wattenmeer. Auf den Nordfriesischen Inseln, Halligen und auch bei uns auf dem Festland bieten die Mitarbeiter Führungen durchs Wattenmeer an, reparieren ständig irgendwelche Zäune, halten Vorträge über Vögel, beobachten Vögel, zählen Vögel und kartieren Vögel (ich sag ja, alles ein wenig vogellastig). 1972 war die Schutzstation Wattenmeer bundesweit die erste Dienststelle, die Zivis im Umweltschutz einsetzen konnte.

Sehr zur Freude von uns Mädchen. Denn Jahr für Jahr kamen aus ganz Deutschland – meist auch noch aus der Großstadt, seufz – Jungs nach dem Abi zu uns in die Wallapampa, um die nordfriesische Vogelwelt zu erforschen und ganz nebenbei auch noch unseren Hormonhaushalt durcheinanderzubringen. Jeder Jahrgang erwartete sie sehnsuchtsvoll, diese Naturburschen wie aus dem Bilderbuch: Sie trugen das ganze Jahr über kurze Hosen, waren schon im Frühjahr braun, liefen oft barfuß, hatten immer wind-zerzauste Haare und die durchtrainiertesten und sehnigsten Unterarme, die man sich nur vorstellen kann. Echte Kerle eben. Rau, wild, ungezähmt.

Fast alle hatten ihr Abitur in Biologie gemacht und woll-ten im Anschluss an den Zivildienst meist auch Biologie studieren, was uns sehr irritierte (BIO! Grundgütiger!). Doch diesen Schönheitsfehler ignorierten wir gekonnt. Für uns waren sie schlicht der Inbegriff unserer Träume. Himmelten die Mädchen aus der Großstadt unerreichbare Rockstars an, schlugen unsere Herzen für die »Schutten«, wie wir die Jünglinge der Schutzstation nannten. Und so kam es, dass im entfernten London Kate Moss mit dem un-angepassten Pete Doherty lässig und verwegen über irgend-welche Musikfestivals schlurfte und wir hier, in der nord-deutschen Tiefebene, exakt das Gleiche erlebten. Nun ja, fast. Im Regen lagen wir durchgefroren im Graben auf den Salzwiesen und beobachteten stundenlang durch das Fern-glas Ringelgänse. Dummerweise gingen an dieser Stelle die Interessen der Schutten und die von uns Mädchen diamet-ral auseinander. Während die Schutten sich an den Ringel-gänsen nicht satt sehen konnten, wollten wir eigentlich nur reingehen und knutschen.

Unsere Liebe war dann auch schneller erloschen als … hier müsste eigentlich ein Vergleich aus der Ornithologie kommen. So nach dem Motto: … als eine Pfeifente braucht, um das Nest im Uferdickicht mit Stirnfedern auszupolstern. Aber es ist nichts hängen geblieben, rein gar nichts. Es inte-ressiert mich einfach nicht.

Nun also das Vogelhaus. In der Not frisst der Teufel bekanntlich Fliegen. Und da ich ja ohnehin sehr viel Zeit am Tag auf dem Sofa verbringe, kann ich meinetwegen auch nach draußen sehen und irgendeinen Piepmatz beobachten.

26. März

Das Gras ist nicht grüner auf der anderen Seite. Ja, das sagt sich immer so leicht dahin. Aber sind Sie wirklich davon überzeugt, oder gehören Sie nicht doch insgeheim zu der Fraktion, die denkt, die anderen hätten es immer ein wenig besser als man selbst? (*I feel you*, mir geht es oft genauso!)

Auf der anderen Seite ist das Gras nicht grüner!

Seitdem ich aber ständig mit den Schafen abhänge, ist mir bewusst geworden, dass man sich damit eigentlich nur selbst schadet. Alle Schafe quetschen nämlich in regelmäßigen Abständen mit Ach und Krach ihren Kopf durch den Stacheldrahtzaun, um dort exakt das gleiche Gras zu fressen, das auch auf ihrer Seite wächst. Die Szenerie ist jedes Mal so absurd, dass es einem wie Schuppen von den Augen fällt. Das! Macht! Keinen! Sinn! Das Gras hat dieselbe Farbe, dieselbe Länge, denselben Geschmack (wirklich probiert, schmeckt nach nichts!) und – Überraschung – es wächst sogar in genau demselben Tempo. Und trotzdem denken alle Schafe angesichts der unendlichen grünen Weite vor ihrer Nase: Da muss doch noch mehr gehen! (Nur bei Saul und Lämmchen habe ich es noch nicht beobachtet. Lämmchen ist zu faul dafür, Saul zu schlau.) Aber der Rest? Quetscht sich durch! Sogar die Nummer 83, die eigentlich immer in sich zu ruhen scheint, will mit aller Macht mit dem Kopf durch den Zaun.

Ich befürchte, wir Menschen sind genauso. Wir wollen immer das, was wir nicht haben. Wer auf dem Land lebt, will in die Stadt, ins Leben. Städter glorifizieren das Landleben und wollen unbedingt Marmelade einmachen. Angestellte beneiden Freelancer, die sich wiederum nach der Sicherheit eines festen Jobs sehnen. Und und und …

Doch selbst wenn das Gras drüben wirklich grüner wäre: Der Aufwand lohnt sich nicht. Ich sehe es an den Schafen: Wie ein Mahnmal bleiben jedes Mal Unmengen an Wolle im Stacheldrahtzaun hängen, wenn sie ihren Kopf wieder herausziehen. Man lässt einfach Federn, wenn man ständig unzufrieden ist und nicht das wertschätzt, was man vor seiner eigenen Nase findet. Und wie sagt meine Freundin Ricarda immer? Unter jedem Dach ein Ach! Irgendwas ist überall.

27. März

Unser Vogelhaus entpuppt sich als Rohrkrepierer. Bis auf eine Amsel und so einen anderen Vogel war noch niemand da. Axel meint, unser »Spot« (hat er wirklich gesagt!) müsse sich in der Vogel-Community erst herumsprechen. Und meine Mutter meint, dass viele Vögel noch in Afrika sind. Bitte was? Ich weiß zwar, dass viele Vögel in Afrika überwintern, aber doch wohl nicht so ein kleiner Wald- und Wiesenvogel wie zum Beispiel das Rotkehlchen, oder?!

Doch, sagt Google. Dank der Suchmaschine weiß ich jetzt alles über Rotkehlchen (ich bin bei der Recherche immer tiefer im *rabbit hole* verschwunden). Rotkehlchen orientieren sich am Erdmagnetfeld, wenn sie fliegen (schlau), imitieren in ihrem Gesang andere Vögel (dreist), wiegen morgens weniger als abends (auf den Menschen übertragen, würde ein 70-Kilogramm-Mensch ganze 10 Kilo über den Tag zunehmen und über Nacht verlieren), essen gerne Schlammschnecken (okaaaaaay), singen fünf Strophen pro Minute und nach territorialen Auseinandersetzungen sogar zwölf (wohl leicht hysterisch), versorgen ihre Weibchen während des Brütens (süß) und: Sie sind Teilzieher. Heißt, ein Teil der Rotkehlchen bleibt über den Winter hier, aber die meisten sitzen die Kälte woanders aus. Für was sie sich entscheiden, hängt übrigens von den Eltern ab. Wenn die schon Warmduscher waren, wollen die Zöglinge auch nicht frieren.

Mich interessieren Vögel jetzt immer noch nicht besonders, aber dass so ein kleines Rotkehlchen in Norddeutschland irgendwann beschließt: »Leute, mir wird das hier zu kalt, ich düse ab nach Afrika und bin dann mal weg«, finde ich beeindruckend.

28. März

Ach, was habe ich schon gegen Kalendersprüche gewettert!
Und jetzt komm ich selbst damit um die Ecke. Immerhin
warne ich Sie vor. Achtung, Achtung, es wird kitschig – aber
ich glaube, dass ich eine wichtige Sache verstanden habe:

Das große Glück kommt unverhofft. Und vielleicht wird es umso größer, je weniger man damit gerechnet hat.

Hätte man mich vor einem halben Jahr gefragt, was meiner Seele und meinem Kopf guttun würde, hätte ich resigniert, ratlos und auch
mit einer ordentlichen Portion Hoffnungslosig-
keit die Schultern gezuckt. Im Liegen wohlbemerkt.

Nie im Leben wäre ich auf dieses gekommen: »Vielleicht
könnte mir jemand ein Schaf schicken? Ich glaube, das wäre
die beste Medizin!«

Genau das ist nämlich Lämmchen. Egal, ob ich mal wieder so starke Kopfschmerzen habe, dass ich eigentlich nur
liegen könnte. Egal, ob ich mal wieder so schlapp bin, dass
ich nur schlafen könnte. Egal, ob es regnet oder schneit:
Jeden Tag gehe ich zum Deich. Obwohl ich mich oft dazu
zwingen muss, werde ich jedes Mal belohnt. Mit Selfies
mit Heidi Klum, mit Partyboy, der mich auf Trab hält, weil
ich meinen Rucksack gegen ihn verteidigen muss, und mit
Lämmchen, der auf meinem Schoß liegt und kleine, beruhigende Rülpser im Takt der Wellen absetzt.

Manchmal nimmt das Leben Wendungen, mit denen
man nie gerechnet hatte.

Die Begegnung mit Lämmchen und den anderen Schafen ist genau so eine. Während die Welt im Chaos versinkt und mein Kopf den Geist aufgegeben hat, sitze ich bei Wind und Wetter auf dem Deich und streichele ein Schaf. Über mir der Himmel, der jeden Tag anders aussieht, und vor mir das Wasser, das als einzige Konstante noch nicht aus den Fugen geraten ist: Es kommt auf die Minute genau und geht auf die Minute genau wieder. Unverhofft ist etwas in mein Leben getreten, von dem ich gar nicht wusste, dass es existierte. Und dass es mir so helfen würde. Auf jeden Fall ist es auch die Routine, die mir guttut. Jeden Tag zumindest einen festen »Termin« haben. Struktur schaffen. Und sich zu etwas zwingen, auch wenn einem gar nicht danach ist.

Wenn Sie das hier jetzt lesen und sich auch nicht so richtig dolle fühlen – ob körperlich oder mental: Sorgen Sie für eine Routine! Ich würde ja immer sagen: Schnappen Sie sich das nächstbeste Schaf und kneten Sie es jeden Tag durch, Breitbandantibiotikum und Antidepressivum in einem. Aber ich sehe ein, dass das wahrscheinlich wenig praktikabel ist. Andere Ideen: Laufen Sie jeden Tag eine Runde um den Block. Duschen Sie jeden Morgen kalt. Lesen Sie jeden Tag zehn Seiten in einem guten Buch. Rufen Sie jeden Tag jemanden an. Machen Sie jeden Tag einen Waldspaziergang. Gucken Sie jeden Tag Shopping Queen und gönnen Sie sich dabei ein richtig großes Stück Kuchen (mein Gott, warum denn auch nicht?!). Oder beherzigen Sie für den Anfang schon mal den Rat von William H. McRaven:

Schaffen Sie Routinen!

Machen Sie Ihr Bett! Ja, genau! Der ehemalige Navy Seal hat ein ganzes Buch darüber geschrieben, welche Kraft diese Routine entfalten kann. Die Kurzfassung: Wenn man sich morgens zusammenreißt und dieses blöde Bett ordentlich macht, hängt man abends nicht mehr durch (oder so ähnlich).

Klar ist: Unser Gehirn liebt Routinen. Denn es bekommt dadurch signalisiert, dass alles im Lot ist und wir in Sicherheit sind. Außerdem hat man – banal, aber einleuchtend – schlicht weniger Zeit, sich Sorgen zu machen, wenn man feste Anker am Tag hat. Wenn man noch dazu regelmäßig ein Tier streichelt, wird auch noch das »Glückshormon« Oxytocin ausgeschüttet. Es senkt nachweislich den Blutdruck, wirkt entzündungshemmend und macht froh.

Wenn die Intensität, mit der man ein Tier streichelt, mit den positiven Effekten auf die Gesundheit korreliert, müsste ich bald kerngesund sein. Ich sag Ihnen: Das ist hier Schwerstarbeit. Gestern musste ich mit der linken Hand Saul durchkneten und parallel mit der rechten die Nummer 57. Arbeiten Sie sich mal durch so ein Fell durch! Bald habe ich Oberarme wie ein Gewichtheber. Noch etwas, das für ein Schaf spricht. Man spart sich das Fitnessstudio. Wie man's dreht und wendet: Ich befürchte, mittelfristig kommt keiner um ein Schaf herum.

29. März

Vier Grad. Neun Tage nach dem kalendarischen Frühlingsanfang. Schneeverwehungen. Schneeverwehungen. (Muss
das zweimal schreiben, nicht, dass jemand das überliest.)
Ernsthaft? Aber soll ich Ihnen was sagen? Ich war trotzdem
bei Lämmchen, habe ihm Schnee aus seinen langen Wimpern geholt, damit er überhaupt noch etwas sehen kann,
und bin klitschnass und durchgefroren nach Hause gelaufen. Nicht geärgert, sondern gedacht: Es ist, wie es ist.

Ist das etwa diese heilsame Akzeptanz, von der immer
die Rede ist?

Übrigens, bei unserem Vogelhaus geht's zu wie in einem
Taubenschlag. Jetzt weiß ich endlich, woher der Ausdruck
kommt. Unser Vogelhaus ist *der* neue In-Treffpunkt. Ständig sind Vögel aller möglichen Farben und Größen da.
Wenn ein Vogel dekorativ auf der Spitze des Vogelhauses
sitzt, freuen wir uns immer besonders. Ich gestehe: Schon
etliche Vogelbilder an Familie und Freunde geschickt.

APRIL

Wahlverwandtschaften

7. April

Die ganze Welt will im Hier und Jetzt leben. Zumindest der Teil der Welt, der sonst keine Probleme hat. Also machen Millionen Menschen jeden Tag Achtsamkeitsübungen und atmen in sich rein, um bloß im Moment zu leben. Nur in diesem. Nichts anderes soll bitte schön zählen. Grundsätzlich frage ich mich ja, was so schlimm an der Zukunft oder der Vergangenheit sein soll. Für die Zukunft macht man Pläne, aus der Vergangenheit lernt man und man verdankt ihr schöne Erinnerungen. Ich ahne aber, um was es geht. Nämlich darum, dass man sich nicht wie ein Terrier festbeißt – in dem, was war, oder in dem, was vielleicht kommen kann. Und oh ja, *das* habe ich wie viele andere perfektioniert. Man trauert ewig verpassten Gelegenheiten hinterher und ist Profi im »Wenn-dann-Spiel«: »Wenn ich erst einmal den neuen Job habe, dann kann ich endlich mein Leben genießen.« (Kleiner Spoiler: Genießen Sie ruhig schon früher Ihr Leben. Das eigentliche Ziel ist meist gar nicht so entscheidend, wie man es sich immer vorgestellt hat.) Während man also abwechselnd an gestern oder morgen denkt, abschweift, hadert und hofft, vergisst man manchmal tatsächlich das Leben im Hier und Jetzt.

Zum Glück hatte Dr. med. phil. Dipl.-Psych. Lämmchen

Man tut sich einen großen Gefallen, wenn man loslassen kann.

am Wochenende noch eine Sprechstunde frei, und wir haben das Thema so intensiv beackert, dass ich eine große Erkenntnis hatte: Man tut sich selbst einfach einen großen Gefallen, wenn man loslassen kann. Es war nämlich so (und so ist es immer, wenn ich bei ihm bin): Sobald ich mich von ihm verabschiede und laaaaangsam weggehe, läuft er mir hinterher und will noch mal gestreichelt werden. Mein Herz schmilzt jedes Mal dahin. Wenn ich dann aber wirklich gehe und mich erst nach ein paar Metern erneut umdrehe, denkt Lämmchen schon gar nicht mehr an mich. Fassungslos sehe ich jedes Mal, wie er einfach weitergrast. Oder wie er sich wieder hingelegt hat und schläft. Oder einfach zufrieden vor sich hinguckt. Meinem Ego wäre es natürlich wesentlich lieber, wenn er mir noch bis zum Zaun hinterhertrotten und dann traurig dastehen würde. Könnte er mich nicht mit großen Augen ansehen und mit seinem kleinen Huf durch die Maschen winken? (Ich sehe es vor mir, es könnte so schön sein!)

Aber nichts da. Lämmchen ist Weltmeister im Im-Hier-und-Heute-Leben. Ist etwas da, ist es da. Ist etwas vorbei, ist es vorbei. Kein Nachtrauern, kein Warten. Er ist nur im Moment. Und soll ich Ihnen etwas sagen? Es geht ihm damit hervorragend!

Was also tun? Stehen Sie nicht mehr an Ihrem ganz persönlichen Zaun, einer Sache oder einer Person nachblickend, von der Sie gar nicht wissen, wann und ob diese sich wohl erbarmt wiederzukommen. Wie sagt man so schön? Der Drops ist gelutscht! Die Vergangenheit haben Sie nicht mehr in der Hand, also bringt es auch nichts, damit zu hadern. Oder haben Sie etwas davon, wenn Sie sich zehn Minuten ärgern, dass Sie diesen verdammten Bus verpasst haben – bis der nächste um die Ecke kommt? Eben!

Und das Gleiche mit dem Morgen: Sorgen Sie sich um nichts, von dem Sie noch gar nicht wissen, ob es überhaupt eintreffen wird. Wenn es so weit ist, können Sie sich immer noch denken: »Heilige Scheiße!« Denn wenn wir immer in Vorleistung gehen und uns vorsorglich schon mal jetzt den Kopf über etwas in der Zukunft zerbrechen, verpassen wir das Einzige, das wir wirklich in der Hand haben: die Gegenwart! Nur im Hier und Jetzt können wir wirklich über unser Leben bestimmen.

Wenn Ihre Gedanken das nächste Mal abschweifen, denken Sie an Lämmchen, der einfach weitergrast und zufrieden vor sich hin mampft. Ich glaube, er sollte mit dieser Haltung unser aller *role model* sein!

9. April

Wir haben uns ein Vogel-Bestimmungsbroschürchen gekauft. An einen dicken Wälzer haben wir uns nicht herangetraut, wir wollen's auch nicht übertreiben mit diesem Vogelthema. Aber auch auf diesen paar Seiten scheinen die wichtigsten Besucher unseres Vogelhauses abgebildet zu sein. Heute Vormittag lange hinter der Scheibe gesessen und minutiös das Exemplar vor mir mit den Bildern in der Broschüre verglichen. Und tattaratta, eine Drossel war da! (Klugscheißer-Alarm: Eine *Amsel* ist immer auch eine *Drossel*. Eine *Drossel* ist aber nicht zwangsläufig eine *Amsel*.) Sagen Sie nichts, ich bin mir selbst peinlich!

10. April

Hundetrainer Martin Rütter macht sich in seiner Sendung immer über Leute lustig, die in ganzen Sätzen mit ihren Hunden sprechen: »So, lieber Oskar, ich glaube, wir wollen noch mal rausgehen, aber vorher musst du dich hier mal hinsetzen, damit ich die Leine dranmachen kann. Kommst du mal bitte schnell her?« Alles falsch, so Rütter. Ein Hund brauche kurze, klare, knackige Anweisungen. Sitz, Platz, Aus. Er sei ja schließlich kein Mensch.

Strenggenommen ist Lämmchen auch kein Mensch, aber da ich ihm auch keine Anweisungen geben muss, habe ich mir angewöhnt, in ganzen Sätzen mit ihm zu sprechen. Gut, vielleicht liegt es auch daran, dass ich ihn ein klitzekleines bisschen vermenschliche. (Unwahrscheinlich, aber nicht ausgeschlossen.)

Ich erzähle ihm also regelmäßig, dass mich das Wetter wieder mal nervt, wann ich wieder los muss, was ich noch so vorhabe (meistens nichts, das muss der sich auch anhören) und was mir sonst noch so durch den Kopf geht.

»Ich bin richtig froh, dass ich dich habe«, habe ich heute

zu ihm gesagt und ihn dabei fest an mich gedrückt. Und obwohl ich es genau so meinte, fühlte es sich dennoch komisch an. Vor sich hin brabbeln ist das eine, aber so richtig *deep talk* mit einem Schaf zu führen, fällt dann vielleicht doch in die Kategorie »Bin ich komisch?«.

Wie immer, wenn man sich diese Frage stellt, will man sich durch die Massen beruhigen. Wenn man weiß, dass es anderen auch so geht, fühlt man sich schon nicht mehr ganz so schlecht. Im Internet gibt es unzählige Videos oder Posts von kleinen Spleens, die sich bei vielen eingeschlichen haben. Und wie groß ist die Erleichterung bitte, dass User37dwfv9?Q *auch* die Toilettenpapierrolle umhängen muss, damit das Blatt nach vorne abgerollt wird und nicht gegen die Wand. Ich bin nicht alleine. Dieses Gefühl ist immer gut.

Also googelte ich »Mit Tieren in ganzen Sätzen sprechen«, als ich vom Deich wieder zu Hause war. Ob es ein weit verbreitetes Phänomen ist, habe ich nicht herausgefunden. Auch nicht, ob Menschen speziell mit Schafen in ganzen Sätzen sprechen – ich gehe aber stark davon aus. Denn kaum hatte ich mit der Recherche begonnen, bin ich an einem faszinierenden Artikel hängengeblieben: Delfine nämlich sprechen nicht nur miteinander, sondern sie tun es in ganzen Sätzen! Wie Forscher herausgefunden haben, nutzen sie sogar grammatikalische Strukturen, um sich ernsthaft auf komplexer Ebene austauschen zu können. Nur zwei Unterschiede gebe es zu uns Menschen: Erstens komme es wohl nie vor, dass sie einander unterbrechen. Sie lassen sich immer höflich ausreden und erwidern erst dann etwas, wenn der andere fertig ist. Und jeder Satz besteht aus fünf Wörtern.

Ob das auch für Schafe gilt?

»Ich bin richtig froh, dass ich dich habe.«

Zu lang.

Ich weiß, was Lämmchen sicher verstehen würde.

Achtung, kitschig, aber *from the buttom of my heart*:

Ich hab dich richtig lieb.

12. April

Ostern. Elf Grad. Ich kann nicht mehr. Man hat ja fast ein schlechtes Gewissen, wenn man über das Wetter jammert. Denn nein, ich leugne den Klimawandel nicht! Und trotzdem darf man sich doch wünschen, dass es an Ostern so warm ist, dass man sich nicht ernsthaft nach dem Familienfrühstück durch den Onlineshop mit dem Expeditions-Parka klickt. Nachmittags – es kam tatsächlich noch ein wenig die Sonne raus – bei den Schafen gewesen. Doch Lämmchen hatte seine »Kräusellippe«, und wir waren abgeschrieben. Wenn er nämlich so aufs Fressen konzentriert ist, bildet sich über seinem Maul eine dicke Falte, was immer ein untrügliches Zeichen dafür ist, dass man in seiner Prioritätenliste gerade ganz unten ist. Er ist dann komplett im Tunnel und nimmt nichts anderes wahr. Inzwischen ist »Kräusellippe« für Axel und mich zum Eigenwort geworden, wie Tempo, Uhu oder Tesa. Geht's irgendwo um Abbruch, Rückzug, Hat-keinen-Zweck, sagen wir immer »Kräusellippe«.

Statt Lämmchen hat Saul Junior uns Gesellschaft geleistet. Beziehungsstatus: Es ist kompliziert. Er ist so hübsch und kann so lieb sein, wenn er doch nur nicht immer sofort mit seinem kleinen Kopf stoßen würde, sobald man aufhört, ihn zu streicheln. Wir können nicht mit ihm, aber auch nicht ohne ihn. Lustigerweise glaube ich wirklich, dass er a) alles versteht, was wir sagen, und b) furchtbar eitel ist. »Bleib jetzt mal ruhig stehen, dann können wir ein schönes Foto zusammen machen«, sagte ich und legte meinen Arm um ihn. Und was macht Saul Junior? Fängt nicht an zu boxen, sondern setzt seit schönstes Lammgesicht auf und blickt direkt in die Kamera.

Ich glaube, Saul Junior möchte eigentlich Influencer sein. Er wäre dann einer von der Sorte, die mit ihren Fotos wirklich abliefern, weil sie einfach so schön und professionell sind, aber hinter den Kulissen, jahaaa, da kommt dann das wahre Ich durch. Da wird wild drauflos geboxt, wenn der nächste Auftrag nicht direkt reinflattert. Während der Fotosession mit Saul Junior kam die Neugierige vorbei. Auch das noch. »Läster nicht über Saul Junior ab, das tratscht die direkt weiter«, flüsterte ich Axel heimlich zu. Nickte wissend.

14. April

Man sagt ja bekanntlich, dass man sich seine Verwandtschaft nicht aussuchen kann. Würde man Lämmchen um seine Meinung zu dieser These bitten, würde er lautstark protestieren. Ja, ich glaube inzwischen wirklich, dass Lämmchen in Axel und mir seine wahren Eltern sieht.

Mit Lämmchens leiblicher Mutter kam es gestern zu einer unwürdigen Szene. Lämmchen war mal wieder auf meinem Schoß eingeschlafen, als seine Mutter kam und ihn rief. Es entspann sich folgender Dialog:

Mutter: »Mäh.«

Lämmchen (regungslos, zu Mutter): »Mäh.«

Mutter (forscher): »Mäh, mäh.«

Lämmchen (zu mir): »Mäh.«

Ich: »Geh nur!«, doch Lämmchen machte keine Anstalten.

Mutter (inzwischen wirklich sauer, zu Lämmchen): »Mäh, mäh, mäh.«

Lämmchen stellte auf Durchzug und reagierte nicht.

Mutter (traurig zu mir): »Mäh.«

Sie warf mir einen vorwurfsvollen, anklagenden Blick zu und trottete dann traurig weg. Während Knallhart-Lämmchen gar nicht daran dachte, meinen Schoß zu verlassen.

Die Mutter tat mir wirklich leid. Und ich kann sie auch voll verstehen, wenn Lämmchen bald wieder so gierig an ihrem Euter saugt, dass ihr ganzer Körper einmal durchgeschüttelt wird. »*Dafür bin ich dann wieder gut*«, wird sie stöhnen. Und zwar zu Recht! Gleichzeitig freue ich mich natürlich auch, dass ich sogar der Blutsverwandtschaft vorgezogen werde. Kurz: Ich sitze bei diesem Thema zwischen den Stühlen. Vielleicht brauchen wir dreimal eine Mediation.

18. April

16 Grad. Und: windstill! Den ganzen Tag! Ohne Mütze draußen gewesen und nicht gefroren. Hab sofort meine Mutter angerufen und gesagt, wie windstill es ist. Mutter: »Wollte dich auch gerade anrufen.« In die Familien-Whats-App-Gruppe geschrieben. Tante Elke macht fünf Daumen hoch. Schreibt später noch: »Herrlich!« Abends Petra angerufen, was für ein schöner Tag es war. So windstill. Petra seufzt: »Stimmt.« Ich glaube, davon werde ich Wochen zehren. Vor lauter Übermut noch zwei Berliner Freunden geschrieben, dass es heute windstill war. Höfliche Irritation ausgelöst.

19. April

Traumhaften Samstagnachmittag im Kreise der Familie aka Axel und Lämmchen gehabt. Es war wieder fast windstill, noch wärmer als gestern, und wir machten es uns mit Picknickdecke, Zeitung und Thermoskanne auf dem Deich gemütlich. Sobald Lämmchen eine Decke sieht, lässt er sich nicht lange bitten. Er liebt es, nicht auf profanem Gras, sondern auf Decken, Schals oder Jacken aller Art zu liegen. Auch wenn er sich immer so unprätentiös und bodenständig gibt: Es kann ihm nicht bequem und gemütlich genug sein. Wahrscheinlich wäre es sein Traum, mit uns auf dem Sofa zu liegen, sich unter eine Decke zu kuscheln und »Klein gegen Groß« zu gucken. Oh Gott, ich glaube, das wäre voll sein Ding. Und wahrscheinlich würde er so viel Sitzfleisch haben, dass man ihn am Ende der Sendung nicht loswürde, sondern er einen bequatschte, noch alte Traumschiff-Folgen in der Mediathek wegzubingen. (Ich bin mir übrigens sicher, dass Lämmchen bei »Klein gegen Groß« immer für die Kinder wäre und sich für seine Verhältnisse ziemlich doll aufregen würde, wenn der Erwachsene sich bis aufs Blut reinhängt, um auch ja gegen die achtjährige Luise zu gewinnen, die zwei Jahre für den Auftritt geübt hat. TUE ICH AUCH!) Das aber nur am Rande, wo war ich stehen geblieben?

Ach ja, am Deich. Lämmchen – halb mampfend, halb schlafend – in der Mitte von uns und Axel und ich jeweils auf dem Rücken liegend in die Zeitung vertieft. Wenn ich daran denke, wie in Berlin unsere Wochenenden aussahen, könnte der Kontrast nicht größer sein. Wahrscheinlich hätten wir jetzt gerade recherchiert, wo ein neuer Pastrami-Laden aufgemacht hat, und wären in einer vollen U-Bahn einmal quer durch die Stadt gefahren.

Was für ein anderes Leben wir hier doch haben! Wir hängen wie selbstverständlich mit einem Schaf ab und können uns kein schöneres Wochenende vorstellen.

Eigentlich finde ich, dass das Wort »Entschleunigung« ziemlich inflationär gebraucht wird. Jeder will auf Teufel komm raus entschleunigen, aber was heißt das eigentlich? Ich für meinen Teil habe jetzt ein recht klares Bild davon: Wenn man richtig entschleunigt, weil eine Krankheit oder ein Schicksalsschlag einem mal eben das Gaspedal ausbaut und gegen eine zweite Bremse austauscht, hat das erst mal nichts mit Wellness zu tun. Im Gegenteil: Es ist ziemlich niederschmetternd, um ehrlich zu sein. Lässt man sich aber dann auf die Zwangspause ein, weil man ja eh nichts anderes tun kann, kommt die zweite, schöne Phase der Entschleunigung:

Man sitzt/liegt in der Natur, macht nichts (Zeitunglesen zählt nicht), ist frei von Erwartungen, guckt nicht auf die Uhr, lässt Gedanken vorbeiziehen, ohne sie festzuhalten, atmet tief ein (nicht unbedingt, wenn Lämmchen einen fahren lässt) und merkt, wie man immer mehr entspannt. Und ja, diese Art der Entschleunigung lasse ich mir gefallen!

Ich glaube, Lämmchen genoss es auch. Zumindest machte er keine Anstalten aufzustehen. Als wir irgendwann aufbrechen wollten, mussten wir ihm mit aller Gewalt die Decke unter dem Hintern wegziehen. Ich sag ja, der hat Sitzfleisch!

20. April

Tiere setzt man schon lange als Co-Therapeuten ein. Patienten in der Psychotherapie öffnen sich mehr, wenn zum Beispiel ein Hund während der Sitzung dabei ist. Kinder mit Handicap verbessern beim Reiten nicht nur ihre Motorik, sondern werden selbstbewusster und mutiger. Und im Altenheim blühen die Bewohner auf, wenn tierische Besucher zu Gast sind. Dieses spezielle Leuchten in den Augen, dieses ganz bestimmte Gefühl – das können nur Tiere herbeizaubern, glaube ich. Heute war ich live dabei, wie auch Heidi Klum therapeutische Fähigkeiten zeigte. Ich war nachmittags am Deich und gleich von mehreren Lämmern umringt. Lämmchen war da (ratzte direkt ein, ich glaube langsam, der hat Eisenmangel), Heidi Klum, Bruder und Partyboy. Was Lämmchen zu wenig an Energie hat, hat Partyboy zu viel. Sobald er seinen Rausch ausgeschlafen hat (von was auch immer!), hat er eigentlich nur Quatsch im Kopf. Immer muss er irgendwelche Schnürsenkel aufmachen oder an Reißverschlüssen ziehen. ADHS, klarer Fall!

Er erinnert Axel immer an einen Franzosen, der an seiner Schule Austauschschüler war. Vormittags schlief er in der letzten Reihe, abends drehte er auf. Ein Bild ist Axel besonders in Erinnerung geblieben: Nach einer Party hatte sich der Franzose leer getrunkene Bierflaschen geschnappt und aus jeder die Mischung aus Speichel und Resttropfen rausgesaugt. Kasten für Kasten. Exakt das würde Partyboy machen. Mitnehmen, was geht. Es ist richtig Sünde (!), dass sein Draufgänger-Gen am Deich so verpufft. Perlen vor die Säue! Schließlich wird keiner hier dem Lebemann gerecht. Eigentlich müsste ich ihn mal mit einem Hänger ins Berghain fahren. Oder zumindest zum nächsten Zeltfest. Während ich meine Schnürsenkel extra noch mal zusammenband, damit Partyboy sie wieder auftüdeln konnte (Party für Lämmer), kam eine Spaziergängerin vorbei.

»Nein!«, rief sie schon aus weiter Ferne. »Die können Sie streicheln???« Sie schlug die Hände vor den Mund. »Meinen Sie, ich könnte mal dazukommen?«, fragte sie. Bevor ich antworten konnte, übernahm Heidi Klum das Ruder. Sie stand auf und lief auf kürzestem Weg auf sie zu.

Mit jedem Schritt wurde die Frau ungläubiger.

»Die kommt?«

»Das glaub ich nicht.«

»Kann ich die wirklich streicheln?«

»Einfach so?«

»Hat die keine Angst?«

»Muss ich was beachten?«

»Das glaub ich nicht.«

Die Frau hockte sich wie versteinert hin und schaute Heidi Klum, die inzwischen vor ihr stand, in die Augen. Diese tat, was sie tun musste: Sie hauchte der Frau ganz zart einen Kuss auf die Wange.

Vollkommen paralysiert streichelte die Spaziergängerin Heidi Klum noch eine ganze Weile. Sie vergaß alles um sich herum, war komplett versunken. »Das war das Schönste, was ich je erlebt habe«, sagte sie mit glänzenden Augen, als sie wieder aufblickte.

Bevor sie weiterging, unterhielten wir uns noch kurz. Sie erzählte, dass sie aus Berlin kam und hier oben eine Art Kur machte. Wenn man genauer hinsah, wirkte sie auch etwas ermattet. Sie sah müde aus, mit Augenringen und ungekämmten Haaren. Ich glaube, Heidi Klum war das Beste, was ihr passieren konnte! Und wie ich mich freute, dass ausgerechnet diese beiden heute aufeinandergetroffen waren. Sah, dass Saul und Nummer 83 in der Nähe standen, und überlegte kurz, ob ich ihr die beiden noch vorstellen sollte. Doch sie wirkte so beseelt, dass Heidi Klum nicht mehr getoppt werden konnte.

Wir verabschiedeten uns und ich sagte: »Machen Sie es

gut!« Sie antwortete: »Machen *Sie* es auch gut«, Betonung auf »Sie«.

Angeschlagene erkennen sich untereinander, das ist ein Naturgesetz. Irgendwie hat man Antennen dafür, wenn bei dem anderen auch etwas aus dem Takt geraten ist. So wie zwei, die gerade ein Bein gebrochen haben und an Krücken gehen, sich solidarisch zunicken, wenn sie einander sehen. Auch bei »unsichtbaren« Krankheiten bildet sich schnell eine Schicksalsgemeinschaft, obwohl man nichts voneinander weiß. Und gleichzeitig weiß man ganz genau, was der andere gerade durchmacht.

»Danke«, sagte ich, und wir lächelten uns noch einmal an.

Da muss ich an eine Begegnung kurz nach meiner Entlassung aus dem Krankenhaus denken.

Ich war – wie so oft in diesen Tagen – in einem Wartezimmer und hatte mich notdürftig auf zwei Stühle gelegt, weil ich die Kopfschmerzen im Sitzen nicht aushalten konnte. Mein Handy lud in einer Steckdose unter dem Stuhl auf, um später Abholservice Axel anrufen zu können. Normalerweise mag ich ja die Berliner Schnauze, aber diese Sprechstundenhilfe interpretierte den Ansatz »hart, aber herzlich« noch einmal neu. Sie ließ einfach das »herzlich« weg.

»Dit gloob ick jetz nich!«, schrie sie, als sie das Kabel entdeckte. Wie eine Furie kam sie hinter dem Anmeldetresen hervorgeschossen. »Rausnehmen! Aber janz schnell!«

In diesem Moment fühlte ich mich wie gelähmt. Schlagfertigkeit war noch nie meine Stärke, und ein körperliches

Wrack zu sein, wenn man zusammengefaltet wird, macht es nicht unbedingt besser.

»Aber … ich … äh«, stotterte ich hilflos und merkte, wie mir Tränen in die Augen schossen. Ärgerte mich prompt darüber und ärgerte mich dann wiederum, dass ich überhaupt in dieser Lage war und einfach nicht imstande war, irgendwie auch nur im Ansatz Kontra geben zu können.

Die Frau machte indes munter weiter. »Dit jeht nich, hör'n Sie schlecht? Rausnehmen! Wir zahlen ooch für den Strom und wenn dit jeder machen würde …«

Ich rappelte mich irgendwie auf und wollte gerade das Handy rausziehen, als ich eine Stimme vom anderen Ende des Wartezimmers hörte.

»Nun lassen Sie doch die Frau das Handy aufladen, das ist völlig übertrieben, was Sie da gerade machen.«

Ich blickte auf und sah eine bekannte Berliner Moderatorin, bis dahin hatte ich sie gar nicht wahrgenommen. Das, wozu ich nicht fähig war, übernahm kurzerhand sie. Die Sprechstundenhilfe setzte noch einmal wutschnaubend an, dass mein Handy nun zum finanziellen Ruin der Praxis führen würde (so in etwa), doch die Moderatorin nahm ihr selbstbewusst und bestimmt den Wind aus den Segeln. Nach einigem Hin und Her dampfte die Frau schließlich ab, mein Handy blieb, wo es war, und ich schickte ein erschöpftes und erleichtertes »Danke« durch den Raum.

Ich wünsche jedem, dass in Momenten der Schwäche aus dem Off eine Stimme ertönt und man unerwarteten Rückenwind bekommt, wenn man sich gegen die Böen

Spüren, wenn jemand einen Kuss auf die Wange benötigt.

des Lebens abstrampelt. Und auch andersherum: Dass man selbst derjenige ist, der merkt, wenn jemand gerade nicht für sich einstehen kann. Oder auch nur kurz Zuspruch braucht. Augen offen halten für Fremde, oder um auf Heidi Klum zurückzukommen: spüren, wenn jemand einen Kuss auf die Wange benötigt

23. April

ICH NEHME ALLES ZURÜCK, WAS ICH JEMALS ÜBER VÖGEL GESAGT HABE. IN UNSEREM GARTEN WAR EIN EICHELHÄHER. GOOGELN SIE. STAUNEN SIE. IN ECHT NOCH EINDRUCKSVOLLER. NOCH GRÖSSER. NOCH SCHÖNER. NOCH BUNTER. GAME CHANGER.

26. April

»Und was gibt's bei dir so Neues?« Eigentlich eine nette, harmlose Frage im sozialen Miteinander, oder? Es gibt nur leider ein Problem. Denn was darauf folgt, kann mitunter unangenehm werden. Die erste Möglichkeit ist der Idealfall: Derjenige, dem die Frage gestellt wird, hat irgendetwas zu erzählen und es entspinnt sich ein nettes, unverfängliches, kurzes Gespräch. Perfekt. Die Frage kann aber auch eine Tretmine sein. Dann nämlich, wenn es einfach nichts zu erzählen gibt. Als es mir die ersten Wochen nach der missglückten Lumbalpunktion so schlecht ging, hatte ich fast Angst davor, dass man mir diese Frage stellte. Was sagt man bloß, wenn man nichts erlebt und hauptberuflich nur rumliegt? »Ich hab eine neue Folge von ›Kampf der Realitystars‹ gesehen und Axel hat einen leckeren Salat gemacht.« Ähem. Es war mir immer unangenehm. Man fühlt sich schlicht unvollständig, wenn man nicht am sozialen Leben teilnehmen kann. Und ständig über die Krankheit sprechen möchte man auch nicht. Also druckst man rum, lenkt schnell ab, stellt lieber dem anderen Fragen wie am Fließband. Sollten Sie den Verdacht haben, dass das Leben Ihres Gegenübers gerade etwas pausiert, stellen Sie diese Frage bitte nicht. Einfach streichen!

Am schlimmsten sind die penetranten Nachfrager (PN). Diese besondere Spezies habe ich kennengelernt, als Axel und ich vor ein paar Jahren für drei Monate durch Kalifornien gereist sind. Zurück in Berlin, lief ich auf der Straße einem Bekannten in die Arme. »Und was gibt's bei dir so Neues?«, fragte er. Mein Stichwort! Denn ich konnte ja wirklich aus dem Vollen schöpfen und erzählte, dass wir just vor zwei Tagen erst aus Kalifornien gekommen waren. »Ah«, sagte er, »das ist ja toll.« Und dann, völlig unerwartet: »Und was gibt's sonst so Neues?« Wie meinen? ICH WAR DREI MONATE IN KALIFORNIEN. SPANNENDER WIRD'S BEI MIR NICHT MEHR. Ich war komplett baff, machte aber noch mal tapfer mit Kalifornien weiter, als ich mich wieder gefangen hatte. »Wir haben zwischendrin auch noch einen Abstecher nach Las Vegas gemacht.«

»Cool, da war ich auch schon mal.« Und dann wieder: »Und was gibt's sonst so Neues?« Es war eindeutig. Er wollte mehr. Drei Monate Kalifornien und Las Vegas reichten ihm nicht. Ich glaube, man könnte bei den PNs sagen, was man will. Sie kriegen den Hals nicht voll.

Ich habe noch mal neu studiert.

»Und was gibt's sonst so Neues?«

Ich habe ein Haus gebaut.

»Und was gibt's sonst so Neues?«

Ich habe ein Unternehmen gegründet, das jetzt eine Milliardenbewertung hat.

»Und was gibt's sonst so Neues?«

Ich habe Drillinge bekommen.

»Und was gibt's sonst so Neues?«

Ich habe ein halbes Jahr nur auf einem Floß den Amazonas durchquert.

»Und was gibt's sonst so Neues?«

Ich weiß nicht, was die Erwartungshaltung dieser Menschen ist. Vielleicht ist es eine Mischung aus generellem Desinteresse, Nichtzuhören und Kurzfassung-reicht. Mein Vorschlag: Wenn Sie auf einen PN stoßen, denken Sie sich einfach etwas aus (Beispiele von oben dürfen gerne übernommen werden).

Momentan könnte ich auf die Frage »Und was gibt's bei dir so Neues?« antworten: Lämmchen hatte zwei Tage keinen Durchfall. Im Garten waren zwei Rotkehlchen. Old Shatterhand ist über ein Gatter gesprungen.

Kurz: Es passiert immer noch nichts. Die Welt ist für

mich zusammengeschrumpft und besteht aus meinem Garten und einem Quadratkilometer Gras am Deich. Mehr nicht. Aber auch nicht weniger. Denn anders als noch vor ein paar Monaten löst die Frage kein Herumdrucksen mehr aus, kein Rotwerden, kein Sich-schlecht-fühlen, kein Ich-reiche-nicht, sondern ich bin gerade äußerst zufrieden mit diesem Nichts. Denn ich finde meine neu entdeckte Welt inzwischen so spannend, dass ich Stunden, ach was, Tage darüber sprechen könnte!

Soll ich Ihnen verraten, was ich in den letzten Wochen über Schafe recherchiert habe? Zugegeben, das ist jetzt eine rein rhetorische Frage. Sie können nämlich gar nicht Nein sagen. Ob Sie's wollen oder nicht: Ich sag's Ihnen eh!

Also:

Schafe können sehr gut hören und riechen
Wie auch andere Fluchttiere haben Schafe ein viel weiteres Blickfeld als wir Menschen. Sie können zwar nicht sehen, was genau vor ihrer Nase ist (das vermasseln die seitlichen Augen), aber ansonsten entgeht ihnen nichts! Damit sie Raubtiere schnell erkennen, können sie fast 320 Grad um sich herum gucken. Getoppt werden sie nur vom Chamäleon, das sogar einen Rundumblick hat. Nur mit räumlicher Tiefe haben Schafe es nicht so, deswegen können sie sich auch schon mal vor einem Graben erschrecken.

Fragen Sie nicht, wie ich vom Schaf aufs Nashorn gekommen bin, aber irgendwo habe ich gelesen, dass Nashörner extrem kurzsichtig sind und alles nur verschwommen sehen. Sünde, oder? Da hat doch die Evolution total versagt. Ich meine, was zum Teufel haben die armen Nashörner verbrochen, dass sie wie ein Maulwurf durch die Welt gehen müssen?

Zurück zum Schaf:

Schafe können sich Gesichter merken und sogar voneinander unterscheiden

In Studien hat man nachgewiesen, dass sich Schafe über zwei Jahre lang 50 Gesichter ihrer Artgenossen merken können. Und sogar Menschen können sie auseinanderhalten – was für das Gehirn eine sehr komplexe Aufgabe ist (nur Schimpansen, Tauben und Raben sind dazu in der Lage). Forscher der Universität Cambridge haben Schafen in einem Experiment Fotos von Barack Obama, Emma Watson, Jake Gyllenhaal und einer bekannten britischen Fernsehjournalistin gezeigt. Nun trainierten sie die Schafe so, dass sie immer eine Belohnung bekamen, wenn sie zum Beispiel das Bild von Barack Obama berührten. Selbst wenn er nur von der Seite gezeigt wurde, aus einem ganz anderen Winkel als zu Beginn, erkannten sie Obama so treffsicher, als wäre er ein alter Bekannter.

Schafe interpretieren Gesichtsausdrücke

Wenn Artgenossen Schmerzen haben oder aggressiv sind, erkennen Schafe dies. Aus meiner Feldforschung würde ich sagen: Das lässt sich auch auf Menschen übertragen. Bilde mir ein, dass Lämmchen sich an Tagen, an denen ich richtig starke Kopfschmerzen habe, schneller hinlegt. Ist aber mehr ein Bauchgefühl, würde das jetzt noch nicht in einem wissenschaftlichen Journal veröffentlichen.

Schafe fressen sich gesund
Instinktiv fressen sie Pflanzen, die sie gesund machen, wenn sie kleine Wehwehchen haben. Nur Schimpansen können das auch.

Schafe kennen ihren Namen
Yup, würde ich auch vermuten! Lämmchen dreht sich sofort um, wenn man ihn ruft. Obwohl er zugegebenermaßen auch auf »na du«, »Mausebär« und »Bist-du-schon-wieder-dicker-geworden?« reagiert. Also nur ein halber Check aus meiner Forschung.

Schafe haben Freunde
Das wiederum kann ich nun wirklich bestätigen. Lämmchen hat mit ein paar Lämmern und Mutterschafen gar keinen Kontakt, versteht sich aber außerordentlich gut mit Saul und Bruder und sucht immer deren Nähe. Und unsere natürlich!

Wenn ich irgendwann noch mal als Schafforscherin einen Wikipedia-Eintrag bekomme, sollte da übrigens ein wichtiges Ergebnis meiner Feldstudie stehen (das ich noch nie irgendwo gefunden habe): Schafe schießen wie wir Menschen in Dutt. Ich weiß nicht, wie man »in Dutt schießen« ins Hochdeutsche übersetzt. In Nordfriesland bezeichnen wir so das Zusammenzucken während des Einschlafens. Lämmchen hat das ganz oft. Im Übergang vom

Wach- zum Schlafzustand schreckt er plötzlich hoch und guckt sich desorientiert und irritiert um. Ich sage dann: »Du bist am Deich, alles in Ordnung, schlaf weiter« und Lämmchen ratzelt wieder ein.

Übrigens war der erste Passagier bei einer Heißluftballonfahrt – ein Schaf! Im Jahr 1783 wollten die Brüder Montgolfier erstmalig die Lüfte erobern, trauten sich aber selbst nicht an Bord. Also wurde eine unerschrockene Reisegruppe zusammengestellt, bestehend aus einem Huhn, einer Ente und eben einem Schaf. Die drei überstanden den acht Minuten langen Flug unversehrt. Beim nächsten Versuch war dann ein (menschlicher) Physiker an Bord. Aber wir halten fest: Das Schaf war mutiger! (Na ja, gezwungenermaßen …)

30. April

Habe einen Spruch gelesen, der eigentlich für phlegmatische Teenager gedacht ist, aber auch zu mir gerade wunderbar passt: »Wie ein guter Wein oder Käse: Sie müssen liegen, um zu reifen.« Ja, um eine Erkenntnis bin ich tatsächlich schon reifer geworden: Es ist in Ordnung, mal nicht in Ordnung zu sein. War ich in den ersten Tagen und Wochen nach der verpatzten Lumbalpunktion furchtbar ungeduldig und wollte es schlicht nicht wahrhaben, dass ich mal so eben aus der Bahn geworfen worden war,

Es ist in Ordnung, mal nicht in Ordnung zu sein. Krisen gehören zum Leben dazu.

weiß ich jetzt: Krisen gehören zum Leben dazu. Ob man will oder nicht. Es bringt auch nichts, vor anderen (und sich selbst) die Fassade aufrecht erhalten zu wollen, dass alles in Butter sei. Viel befreiender ist es, sich selbst einzugestehen, dass man in einem ziemlichen Loch steckt und alle dazugehörigen Gefühle zulassen sollte. Und auf die Frage »Wie geht's?« auch mal ein ehrliches »Beschissen« zu antworten.

Dazu passt ein großartiges Buch, auf das ich neulich durch Zufall gestoßen bin. In *Ich möchte lieber nicht* beschreibt die Soziologin Juliane Marie Schreiber, dass wir genau das verlernt haben. Anzuerkennen, dass das Leben viel öfter hart als leicht ist, und eher der bewölkte Himmel der Normalfall ist als wolkenfreies Blau. Sie spricht vom »Terror des Positiven«, dem wir ausgesetzt sind, und davon, dass in unserer heutigen Zeit Glück zum Fetisch geworden ist. Egal, wohin man blickt: Wir wollen alle rund um die Uhr glücklich sein, unter allen Umständen positiv denken und uns für das Glück »entscheiden«. Wer traurig ist, hat sich nur nicht genug angestrengt! Doch Schreiber sagt: »Der Glücksterror nervt, macht alle irre und baut einen sinnlosen Erwartungsdruck auf.« Ja, mehr noch: Die Glückssuche mache unglücklich. Denn wir streben einem Ideal nach, das es gar nicht gibt. »Traurigkeit, Antriebslosigkeit, Ärger, Enttäuschung, all diese negativen Emotionen und Gedanken sind ein berechtigter Teil unserer Existenz.« Das Glück, so Schreiber, sei statistisch gesehen sogar ein Ausreißer. »Der Normalzustand der menschlichen Existenz ist nicht der glückliche Zustand, sondern der nicht glückliche Zustand.«

Unser Leben auf Social Media als »andauernder Quell des Glücks« tut sein Übriges dazu. Natürlich postet man, wie man frisch blondiert und geföhnt vor der Açaí-Bowl sitzt, und nicht mit fettigen Haaren und Automatenkaffee im Pappbecher nach der schlaflosen Nacht am unglamourösen Schreibtisch.

Filter drauf, keep smiling, cheese, jetzt haben wir's. Mit fatalen Folgen: Laut Schreiber inszenieren wir uns zu Tode – und setzen uns selbst und auch andere unter einen gewaltigen Druck mit unserem *happy life.* »Soziale Medien wirken heute wie ein Brandbeschleuniger für unseren demonstrativen Glückskonsum.«

Kurz: Mehr Mut zur Ehrlichkeit, dass eben nicht alles permanent super ist (und das auch gar nicht erstrebenswert), würde uns allen guttun. Und tatsächlich: Seitdem ich akzeptiert habe, dass mein Kopf gerade nicht so funktioniert, wie er sollte, fühle ich mich wesentlich befreiter. Man muss nicht immer wie ein Uhrwerk funktionieren. Das geht auch gar nicht. Was sonst noch hilft? Mit anderen darüber sprechen und Druck rausnehmen. Das Gras wächst nicht schneller, wenn man daran zieht. Manche Dinge brauchen Zeit.

Das Gras wächst nicht schneller, wenn man daran zieht.

MAI

Das Bauernblatt und ein Kampf um Leben und Tod

4. Mai

Seit ich dreizehn bin, esse ich kein Fleisch mehr. Damals saß ich auf der Rückbank im Auto meiner Eltern, und neben uns an der Ampel wartete ein Tiertransporter. Durch zwei Metallstreben starrte mich eine Kuh an. Und ich starrte zurück. Ich weiß, es klingt furchtbar abgedroschen. Aber von einer Sekunde zur anderen war mir klar, dass ich, die im Urlaub in kein Restaurant gehen wollte, in dem es kein Wiener Schnitzel gab, und die fast jeden Tag die Räucherknacker von Schlachterei Clausen mit in die Schule nahm, kein Fleisch mehr essen würde.

Die Augen dieser Kuh sahen müde aus. Sie sah mich nicht vorwurfsvoll an, sondern, was noch viel schlimmer war, irgendwie gütig. Etwas Mildes, fast schon Weises lag in ihrem Blick. Sie schien genau zu verstehen, was vor sich ging, und in der ganzen Szene lag so viel offensichtliches Unrecht, dass ich nicht mehr Teil davon sein wollte. Noch bevor die Ampel auf Grün sprang, hatte diese Kuh mein kulinarisches Leben verändert.

»Ich bin jetzt Vegetarierin«, sagte ich und meine Eltern lachten. Am Abend schlossen sie noch Wetten ab, wie lange ich durchhalten würde. Meine Mutter tippte auf eine Woche. Mein Vater gab mir bis Weihnachten, drei Monate.

Hätte ich mich mal in die Wette eingeklinkt, was hätte ich alles abstauben können!

Bis auf eine kurze Phase als Teenie, in der ich immer muhte, wenn meine Schwester Fleisch aß, bin ich keine von diesen Vegetariern, die andere missionieren wollen. Mir ist es auch komplett egal, wenn bei einer Grillparty meine Tofuwurst gegen ein Nackensteak rollt, und dass mein Mann Fleischesser ist, wird nicht zur Scheidung führen. Jeder soll bitte essen, was er möchte. Eigentlich sehe ich das noch immer so. Ich finde es wirklich anmaßend, jemandem vorzuschreiben, dieses oder jenes zu tun. Oder eben nicht. In welchem Bereich auch immer. Aber seitdem ich Teil einer Schaf-Clique geworden bin, hätte ich eine klitzekleine Bitte an Sie: Können Sie bitte alles essen – außer Lamm?

Norwegische Forscher haben herausgefunden, dass die Menschen umso weniger gern Fleisch essen, je mehr das Tier darin noch erkennbar ist. In ihrem Versuch präsentierten sie den Probanden zwei Bilder eines saftigen Schweinebratens – einmal ohne Beilage und einmal mit dem ganzen Schweinekopf direkt daneben. Selbst die ecuadorianischen Befragten (das will was heißen, in Ecuador sind Köpfe auf Märkten wohl total angesagt) empfanden wesentlich mehr Empathie für das Tier und wollten es nicht mehr gerne essen. Das Fleisch aus dem Kühlregal macht es uns leicht. Gepresst in die Form eines Legosteins, würde man nie im Traum darauf kommen, dass etwas Lebendiges dahintersteckt. Aber was, wenn man nicht so leicht abstrahieren kann?

Ich brauche gar keine Schweinsköpfe, sondern muss mir

nur vorstellen, was mit »meinen« Lämmern bald passiert. Lämmchen wird sich sofort auf den Schoß des Schlachters fallen lassen und wahrscheinlich direkt einschlafen. Partyboy wird irgendwas anknabbern, eine Säge vielleicht oder was da sonst so herumliegt. Und Heidi Klum wird durch die Halle stolzieren, als wäre sie in einem Schönheitswettbewerb. Sobald ich nur darüber nachdenke, muss ich weinen. Mir ist klar, dass ich es nicht verhindern kann. Aber einer muss irgendwie am Leben bleiben.

Axel und ich haben eine Aufgabe.

Lämmchen retten.

8. Mai

Das nennt man wohl »das Pferd von hinten aufzäumen«. Bevor Lämmchen uns gehört oder wir auch nur wissen, wem er *jetzt* gehört, haben wir schon mal ein zukünftiges Zuhause für ihn klargemacht. Ha! Was man hat, das hat man.

Ralf, ein Freund aus Schultagen, hatte mich am Wochenende auf einen Schutzhof im Nachbarkreis aufmerksam gemacht, der Tiere aufnimmt, die durchs Rost fallen: Die ausgesetzt wurden, deren Besitzer sich nicht mehr um sie kümmern können oder die vor dem Schlachter gerettet wurden (Punktlandung!).

Im Telefonat mit der Leiterin fielen zwar sehr viele Konjunktive (»Dürfte ein Schafbock, den wir gerne retten würden, aber noch nicht gerettet haben, für den Fall der Fälle, dass es klappen sollte, bei Ihnen gegen eine monatliche Gebühr unterkommen?«), doch es zählt, was am Ende dabei herauskommt: Ein glasklarer Indikativ.

»Ja, das können wir machen.«

Können! Nicht könnten. Was für einen Unterschied doch ein einzelner Buchstabe machen kann.

Einzige Bedingung: Er muss kastriert sein.

Großer Gott, das macht man bei Schafen auch?

Schnell »Ja klar, kein Problem« gesagt.

Nach dem Auflegen vor Erleichterung geweint. Der Hof ist zwar eine Stunde Autofahrt von uns entfernt und ich würde ihn nicht mehr jeden Tag besuchen können. Aber Lämmchen würde leben. Jetzt muss nur noch der Bauer zustimmen, und dann kann Lämmchen sich ins gemachte Nest setzen.

9. Mai

Zwei Schritte vor und einen zurück. Heute fast den ganzen Tag Kopfschmerzen gehabt und durchgehend flachgelegen. Aus Langeweile habe ich mich dummerweise in das Thema Schlachtung und Fleischkonsum eingearbeitet. (Fragen Sie bitte nicht, was mich geritten hat. Alptraum! Hätten es nicht auch mehrere Folgen von »Love Island« getan?!)

Wir Deutschen essen von Jahr zu Jahr immer weniger Fleisch, aber immerhin noch satte 52 Kilogramm pro Jahr und Kopf. Mit großem Abstand essen wir Schweine, dahinter folgen

Geflügel, Rinder und auf Platz 4 Schafe und Ziegen. Schafe und Ziegen werden beim Verzehr immer zusammen in eine Kategorie gepackt und nicht einzeln aufgedröselt. Bin mir sicher, dass Saul entsetzt wäre, wenn sie davon Wind bekäme. »*Das ist nicht dein Ernst! Ziegen sind doch eine ganz andere Spezies, was um Himmels willen haben wir mit Ziegen zu tun? Unsere Milch ist doch viel fetter als ihre. Wir können schneller laufen und sind nicht so anfällig für Ringwürmer. Außerdem haben Ziegen Bärte! BÄRTE! Aber da kannst du mal sehen, dass Menschen keine Ahnung haben. Himmel, da muss man doch differenzieren!*«

Fast eine Million Schafe und Lämmer werden jedes Jahr in Deutschland geschlachtet. Hinzu kommen noch einmal 200 000 Tiere aus dem Ausland, zum Beispiel aus Neuseeland, Großbritannien oder sogar China. Neben dem islamischen Opferfest, bei dem geschächtete Schafe gegessen werden (sie werden bei der Schlachtung nicht betäubt, sondern bluten bei vollem Bewusstsein aus), haben vor allem die sogenannten »Osterlämmer« Konjunktur. Statt im Frühjahr werden diese im Winter geboren und meist im Stall gemästet, damit sie schnell ihr Schlachtgewicht erreichen. Ein Kilogramm Lammfleisch kostet in Schleswig-Holstein 3,20 Euro. Ein Kilogramm Schaf ist sogar für 30 Cent zu haben. 30 Cent. Habe fieberhaft nach einem Vergleich gesucht, was man im Supermarkt für 30 Cent bekommt. Selbst eine Tütensuppe kostet 1,30 Euro.

Als ich einen Artikel gelesen habe, in dem akribisch die Schlachtung der Lämmer beschrieben wurde (glauben Sie mir, man will es nicht wissen), musste ich an den legendären

Satz von Paul McCartney denken: »Wenn jeder Schlachthof gläserne Wände hätte, wäre jeder Vegetarier.«

Ich wäre mir da nicht zu sicher. Denn ohnehin haben wir alle einen ganz unterschiedlichen Blick darauf, welche Tiere man essen kann oder nicht – je nachdem, an was man glaubt oder wo man lebt. Hindus essen keine Rinder und Juden und Muslime kein Schwein. Südamerikanische Ureinwohner würden nie Hirsche essen, weil sie in ihnen Träger menschlicher Seelen sehen. Während sich wahrscheinlich bei uns auch hartgesottene Fleischesser allein bei der Vorstellung ekeln, Hunde und Katzen zu essen, sind sie in Taiwan und auf den Philippinen eine teure Delikatesse. Singvögel stehen in Italien und Frankreich auf der Speisekarte, nördlich der Alpen unvorstellbar. Insekten sind in asiatischen Küchen eine Selbstverständlichkeit, und wir in Europa hadern damit, obwohl sie seit Kurzem auch bei uns als »Proteinquelle der Zukunft« angepriesen werden.

Kurz: Bei der Frage »Wie hältst du's mit den Tieren auf deinem Teller?« geht in dieser Welt so einiges durcheinander. Ich selbst bin nicht davon ausgenommen. Obwohl ich den Film *Findet Nemo* herzallerliebst finde und weiß, dass Fische nur aus lauter Freude im Chor singen (wie süß ist das bitte?!), esse ich sie meinem Eisenhaushalt zuliebe. Wie heißt es in der *Farm der Tiere* bei George Orwell: »Alle Tiere sind gleich, aber manche sind gleicher.«

Manche wachsen uns so sehr ans Herz, dass wir mit ihnen das Bett teilen, und andere sehen wir lieber in der Tiefkühltruhe. Vor allem Nutztiere haben keine Kuschel-Lobby.

Haben wir einen anderen Blick auf Tiere, sobald wir ihnen einen Namen gegeben haben? Ich glaube, nein – weder in die eine noch in die andere Richtung. Überzeugte Fleischesser essen sicher auch weiterhin das Steak, wenn sie wissen, dass es einmal die Hüfte von »Siglinde« war. Und ich möchte, dass auch Schafe ohne Namen eines natürlichen Todes sterben dürfen, wie die Neugierige oder Nummer 57. Oder nehmen wir die Mutter von Old Shatterhand. Ich habe wirklich rein gar nichts von ihr, weil sie sich nie im Leben streicheln lassen würde. Sie mag mich auch nicht, ich glaube, sie findet mich albern. Ja, wir sind einander so herzlich egal, dass sie nicht einmal einen eigenen Namen hat, sondern nur über ihren Sohn definiert wird. Und trotzdem würde ich es unglaublich traurig finden, wenn sie zum Schlachter käme. Nicht nur die Netten haben ein Recht auf Leben.

Oh Gott, jetzt denken Sie bestimmt, dass ich es Ihnen trotz allen Keine-Missionierungen-Beteuerungen doch vermiesen will, Fleisch zu essen. Wirklich nicht!

Mir wäre es nur wichtig, dass Sie sich immer wieder vergegenwärtigen, dass dieses Stück Fleisch auf dem Teller mal ein richtiges Individuum war. Mit Ecken und Kanten und Charaktereigenschaften wie Sie und ich. Vielleicht war das Kalb, das zum Döner wurde, furchtbar verspielt wie Partyboy. Oder das Schwein, das zum Schnitzel wurde, so humorbefreit wie die Mutter von Old Shatterhand. Und vielleicht wollte das Hühnchen, das paniert so gut schmeckt, wie Lämmchen auch am liebsten den ganzen Tag kuscheln. Wer weiß? Was ich sagen will: Konsumieren Sie bewusst und mit Respekt dem Lebewesen gegenüber. Und stellen Sie sich die Frage, woher das Fleisch, das Sie essen, überhaupt stammt. Denn natürlich liegen Welten zwischen Massentierhaltung und dem Glück auf der Weide – zumindest, wenn es nach dem Tier geht. Merkwürdigerweise geben die meisten Leute in Umfragen an, gegen Massentierhaltung zu sein, greifen dann aber im Supermarkt doch wieder zum günstigsten Fleisch. Wissenschaftler erklären diesen Widerspruch mit der Verantwortung, die wir abgeben können: Wir sehen, dass andere auch dieses Fleisch kaufen (also kann es nicht allzu schlecht sein), und außerdem wird es ja auch angeboten (also kann es nicht verboten sein).

Eigentlich müsste an dieser Stelle etwas Lustiges anschließen, oder? Die Stimmung kippt bei Ihnen, ich spüre es. Aber positiv wird's heute nicht mehr. Ich muss Ihnen nämlich noch vom kläglichen Versuch berichten, unser Schäfchen ins Trockene zu bringen. (Ich habe 116 Seiten darauf gewartet, diesen Ausdruck endlich unterbringen zu können! Et voilà!)

Am Wochenende haben wir den Bauern ausfindig gemacht, dem Lämmchen gehören muss, mitsamt Telefonnummer. Um nicht als komplett spinnerte Städter zu gelten, die das Landleben romantisieren und sich jetzt einfach mal spontan ausgedacht haben, ein Schaf zu kaufen, hatten wir uns extra eine eher technische Formulierung ausgedacht. Anstatt zu sagen, dass wir uns in eins seiner Lämmer verliebt haben (Axel: »Verliebt ist ganz, ganz schlecht«), sollte ich sagen: »Wir sind auf eins Ihrer Lämmer aufmerksam geworden und würden es gerne übernehmen.« Strenggenommen übernimmt man ein Lamm ja auch an der Fleischtheke. Dass wir es nun im Ganzen und lebend übernehmen wollten, sollte doch keinen Unterschied machen.

Nachdem ich also gut gewappnet nach dem Hörer griff, wurde mir doch etwas schwindlig. Ein Anruf, der über so viel entscheiden konnte: über das Leben eines Tieres, das mein Leben schon so sehr verändert hatte!

Es klingelte nur ein paar Mal, bis der Bauer ans Telefon ging.

Ich meldete mich mit »Moin, Hansen«, was schon mal den Pflock einschlug: Hier spricht jemand von hier. Um auf Nummer sicher zu gehen, erzählte ich, dass ich aus Husum stammte und nun nach ein paar Jahren im Exil mit meinem Mann zurück in die Heimat gezogen sei.

Nach diesem Top-Entrée verhaspelte ich mich dummerweise und sagte nicht – wie geplant –, dass Axel und ich auf eins seiner Lämmer am Deich gestoßen waren, sondern dass wir es kennengelernt hatten. (Ärgerte mich sofort, schließlich klang »kennengelernt«, als wären wir einander auf einem Empfang vorgestellt worden: »Anne«, »Lämmchen«, »Lämmchen«, »Anne« – »Freut mich«, »freut mich ebenfalls«.)

»Hmmh«, brummte der Bauer, schon ahnend, was nun kommen würde.

Gemäß Gesprächsvorbereitung fragte ich mehr oder weniger flüssig, wo der Bock nun hinkommen würde. (Was für eine Vorlage, um »Der kommt in die Zucht« oder »Den behalten wir natürlich« zu sagen. Die Hoffnung stirbt bekanntlich zuletzt.)

Leider sagte der Bauer: »Der geht leider dahin, wo Sie es nicht möchten.« (Er wusste anscheinend wirklich, worauf ich aus war. Immerhin sagte er »leider« und klang auch nicht so, als sei er froh darüber.)

Jetzt kam der ausgeklügelte Übernehmen-Part.

»Wir würden das Lamm gerne übernehmen. Wir zahlen auch den kompletten Preis.«

Schweigen.

Dann, irgendwann: »Dat lat se man.«

Ich spürte, dass hier etwas nicht nach Plan lief. Ein Wort und ein Murren gab nun das andere.

»Aber uns ist das so ans Herz gewachsen, das läuft immer hinter uns her. Wir zahlen auch genau den Preis, den Sie sonst für ihn bekommen würden. Oder natürlich mehr!«

Schweigen.

Dann, irgendwann: »Nee.«

Ich wurde panisch, die Stimme überschlug sich.

»Bitte, ich brauche das Lamm.« Was den Nagel so ziemlich auf den Kopf traf.

Schweigen.

Dann, irgendwann: »Dat lat se man.«

»Und da kann man gar nichts machen?«

»Hhm.«

Aufgelegt.

Viel geweint.

10. Mai

Überlege, ob wir Lämmchen einfach entführen. Wir könnten das Auto auf dem Parkplatz direkt an der Pforte abstellen. Lämmchen würde natürlich sofort auf uns zu rennen, wenn wir ihn riefen, und den letzten Abschnitt über den Deich könnte Axel Lämmchen tragen (endlich zahlt sich sein ganzes Sportgedöns aus!). Die erste Nacht würden wir Lämmchen im Garten meiner Eltern unterbringen und dann am nächsten Tag zum Schutzhof fahren. Dort müsste er vielleicht zur Sicherheit erst einmal im Stall untertauchen, bis er dann in einer Nacht-und-Nebel-Aktion mit den anderen Tieren zusammengeführt würde, damit es keinem auffiele, dass ein Neuankömmling da wäre. Fühle mich wie Betty Mahmoody, die die Flucht mit ihrer Tochter aus dem Iran plant. Nicht ohne mein Lämmchen.

Mein Plan stößt auf geteilte Meinungen.

Axel: »Das können wir nicht bringen.«

Meine Mutter: »Ich versteh dich. Zur Not kann er zu uns kommen.«

Mein Vater: schüttelt mit geschlossenen Augen nur stumm den Kopf.

11. Mai

Heute hat Axel beim Bauern angerufen. Vielleicht hat eine Verhandlung von Mann zu Mann mehr Erfolg. Während ich mir die Daumen wund drückte, hörte ich durch die Tür des Arbeitszimmers Bruchstücke. »Ganz besonderes Schaf, würden wirklich gerne, zahlen gut, meine Frau, Herz bricht, bitte, jeden Tag da, besonderes Schaf, bitte, wirklich nicht, kann man was machen, nein, schade, oh nein, tja, hmpf, auf Wiedersehen.«

12. Mai

Meine Mutter hat die nicht ganz von der Hand zu weisende These aufgestellt, dass unser Hochdeutsch uns im Weg steht.

»Vielleicht wäre es leichter, wenn ihr ganz locker auf Plattdeutsch mit dem Bauern sprechen könntet. Wi mög so geern dat Schopp, kött wi dat nich koopen? Dat geit doch bestimmt lich.«

Aus ihrem Mund klang das tatsächlich so unkompliziert, bodenständig und sympathisch, dass ich vor meinem inneren Auge schon sah, wie der Bauer einschlug. »Dat kun wi mocken.« Handschlag drauf, Schaf gekauft. Auf Plattdeutsch, so viel stand fest, hätten wir den richtigen Stallgeruch.

Doch woher nehmen?

Sie müssen wissen, dass ich passiv-plattdeutsch aufgewachsen bin. Meine Eltern, Großeltern, alle Tanten und Onkel, viele Freunde und Bekannte: Alle sprechen Plattdeutsch miteinander. Bis auf, Sie ahnen, was nun kommt: meine Schwester und mich. Da meine Mutter erst in der Schule Hochdeutsch gelernt hat – und das Berichten zufolge mit Mühe und Not –, sollten es die Kinder mal besser

Wehe, PETA schaltet sich jetzt ein.
Lämmchen mag das auch!

Darf ich vor-
stellen? In der
Mitte Saul, das
schlaueste
Schaf der
ganzen Herde.

Parallelwelt am Deich: Die ersten Begegnungen am Gleis 9 ¾ ...

... konnten wir nicht fassen. Alle Lämmer hier schienen sehr kontaktfreudig zu sein.

Das einzige Schaf, dem ich im Affekt den Schlachter an den Hals gewünscht habe: Trouble Kid. ES WAR NICHT SO GEMEINT!!!

Boxt einen, sobald man aufhört ihn zu streicheln: Saul Junior. Aber hübsch ist er.

Anlehnungs-
bedürftig nach
einer durch-
zechten Nacht:
Partyboy.

Ein großer
Spaß für
Lämmer:
Schnürsenkel
aufmachen.

Gruppenbild mit Dame. Und Saul Junior, Schäfer-Gümbel, Heidi Klum, Lämmchen, Bruder (v.l.)

»Du siehst von unten ganz schön lustig aus.«
»Du von oben auch.«

Telefonat mit einem Kunden musste abgebrochen werden – gibt Wichtigeres.

Germany's Next Topschaf: Lulu, Lämmchens Halbschwester, mit namenlosem Kind.

Oh, wie schön
die Abend-
sonne ist!
Nach dem
Essen noch
mal schnell zu
Lämmchen
gefahren.

Lämmchen guckt
sich einen Artikel
in der FAZ an,
den ich über
ihn geschrieben
habe.

»Kinder, stellt euch jetzt mal schön in einer Reihe auf.
Die Frau will ein Foto machen.«

Es gibt kein
Entkommen.
Jedes Lamm in
Nordfriesland
wird hemmungs-
los ans Gatter
gelockt.

Sieht Lämmchen zum Verwechseln ähnlich, ist aber gaaaaaanz anders (Details würden hier den Rahmen sprengen): Bruder

Wie tickt Lämmchen denn so? SO!

Schwerstarbeit
für umme:
Saul und die
Nummer 57
werden
durchgeknetet.

Legt sich Lämm-
chen an Tagen,
an denen ich
Kopfschmerzen
habe, schneller hin?
Könnte sein!

Lernen von den Großen: Auch Lämmer genießen die Partnermassage.

Ohne Witz: Sommer! Zwei Jacken übereinander ganz normal. Mit Lämmchen und Heidi Klum.

Sinnbild fürs neue Leben: Axel fotografiert vollkommen unironisch Kühe.

Das ist er: Der wollüstige Peter, der permanent an das eine denkt. Schön wär's ...

Woran erkennt man Städter, die das Landleben entdeckt haben? Daran!

Ehrenrettung des
nordfriesischen
Sommers.
Schatten
spenden bei
über 30 Grad.

Der 500 Seiten dicke Bildband »Selfie mit Schaf« kann ab sofort
bestellt werden.

Starker Rücken zum Anlehnen. Oder: Wenn alle Probleme ein klein wenig kleiner werden …

Schaf schläft, Frau macht Selfie. Alles wie immer.

»Mach noch mal ein Bild von uns.« – »Du hast schon tausend.« – »Egal.«

Aufatmen kurz nach der Rettung: Der rote Fleck zeugt vom Happy End. Er gehört uns.

Typischer Sonntag: Deich, Mama, Picknickdecke, Schaf, aufs Wasser gucken.

Schaf-Polonaise und Husumer Skyline im Hintergrund.
Mehr Norden geht nicht.

Lämmchen wird immer
dicker und ich immer
glücklicher. Passt.

haben. Sprich: Es wird mit allen weiter Plattdeutsch gesprochen, aber sobald etwas zu meiner Schwester oder mir gesagt wird, wird direkt der Kanal gewechselt. Ein Satz kann auf Plattdeutsch begonnen werden, Kopfdrehung, und auf Hochdeutsch beendet werden. Man hätte ja auch meinen können, dass wir Kinder einfach beides lernen. Aber Plattdeutsch scheint wie eine Droge zu sein. Bloß nicht ausprobieren, man könnte auf dem Trip hängen bleiben.

All das führt dazu, dass meine Schwester und ich wie Austauschschüler aus dem fernen Hochdeutschland stumm danebensitzen und den Mund nicht aufkriegen. Natürlich verstehen wir alles, selbst die abgefahrensten Formulierungen meiner Tante Elke, aber da wir nie aktiv gesprochen haben, gehören wir eben nicht zum *inner circle*. Als Axel zur Familie hinzustieß, verstand er zunächst nur Bahnhof. Ich war in dieser Zeit Simultanübersetzerin. Inzwischen ist er auf B2-Niveau, würde ich denken, aber eben auch nur passiv.

Lustigerweise rebellieren wir, die Außenseiter, wenn jemand an der strikten Hierarchie rütteln will. Als meine Schwester einmal von »Lüttgeld« sprach, das sie mitnehmen wollte, habe ich direkt geschrien.

»Du kannst doch nicht Lüttgeld sagen!«

»Mama, sie hat Lüttgeld gesagt!«

»Axel, halt dich fest, Johanna will jetzt Plattdeutsch sprechen!«

Es ist wie England im 19. Jahrhundert: Die ganz unten sind, kämpfen am meisten dafür, dass die Klassengesellschaft erhalten bleibt.

Dabei weiß ich noch, wie ich immer Sprachneid auf die Inselkinder hatte. Kamen nämlich Kinder von den Nordfriesischen Inseln aufs Gymnasium, mussten sie in die Kreisstadt Husum aufs Festland umziehen. Jedes Jahr kamen rotwangige Inselgeschöpfe an, die schönstes, rasantes, kreatives, selbstverständliches Plattdeutsch sprachen. Wie gerne hätte ich ebenfalls mit eingestimmt! Es war ja meine Muttersprache, aber eben nur im Ohr und nicht im Mund.

Im Gegenzug dazu haftet Hochdeutsch immer etwas Elitäres an. Tendenziell steif, förmlich, schnöselig. Wenn man in Nordfriesland hochdeutsch spricht (und alle anderen plattdeutsch), wirkt man immer wie Ethelbert aus den Immenhof-Filmen: ein reicher Städter, der in nigelnagelneuer, strahlend weißer Reithose auf einem unprätentiösen, aber natürlich ultracoolen Ponyhof dazugehören will und erst akzeptiert wird, nachdem er sich in einem Graben absichtlich mit Schlamm einschmiert und dann auch noch ein verletztes Fohlen in einer Gewitternacht rettet. Diese Katharsis bleibt uns verwehrt, befürchte ich. Ich komme zwar von hier, klinge aber wie aus Hannover.

Unser astreines Hochdeutsch in der Kombination mit der Tatsache, dass wir lange in Berlin gelebt haben, könnte uns beim Bauern tatsächlich ein wenig verdächtig machen. Ja, auf den ersten Blick sind wir eigentlich wie der Prototyp dieser nervigen Städter, die aufs Land ziehen, abends Sauerteigbrot backen, bei Manufactum handgeschmiedete Gartenscheren aus Japan kaufen und direkt nach Ankunft auf dem Land der heimischen Bevölkerung sagen wollen, wie der Hase läuft, obwohl man von Tuten und Blasen keine Ahnung hat. Dabei ist doch alles ganz anders. WIR SIND VON HIER. Wir könnten dazugehören. Nur: Es glaubt uns niemand.

Sie fragen sich zu Recht: Warum um Himmels willen habe ich nicht in all den Jahren mal angefangen, Plattdeutsch zu sprechen? Mund auf, kann doch nicht so schwer sein. Doch, ist es. Da ich genau weiß, wie es in all seiner Formvollendung klingen *müsste*, scheitert jeder Versuch kläglich. Die Zunge verknotet sich. Man stottert sich von Wort zu Wort und reflektiert sofort, wie falsch doch alles ist. Man fühlt sich wie in einem schlechten Stück aus dem Ohnsorg-Theater, bei dem die Zuschauer Sturm laufen, endlich wieder Schauspieler zu besetzen, die auch wirklich Plattdeutsch beherrschen. Manchmal spreche ich mit meiner Mutter Plattdeutsch, als Wette verpackt. »Bis wir bei Hagebau sind, unterhalten wir uns nur auf Plattdeutsch, okay?« Meine Mutter lacht dann viel und sagt auffallend oft: »Es ist auch schwer.«

Plattdeutsch verschwindet in Nordfriesland übrigens mit der Zeit. Langsam wie das Meer bei Ebbe, man bekommt es gar nicht so richtig mit. Nur mit dem Unterschied, dass es nicht wiederkommt. Eine Sprache, die ausstirbt. Und die den Kauf von Schafen so viel leichter machen würde.

13. Mai

Okay, das lief nun eher suboptimal. Vollkommen kopf-
los mittags beim Bauern angerufen und ohne Punkt und
Komma gesagt: »Wir werfen Ihnen heute 200 Euro in den
Briefkasten und holen das Lamm.«

Eine Frau (zum ersten Mal am Apparat, aber sie schien
im Thema) antwortete ohne Punkt und Komma und leider
sehr bestimmt: »Das tun Sie nicht.«

Vollstes Verständnis. Sehe ein, dass mein Anruf was von
Aktenzeichen XY ungelöst hatte.

14. Mai

Wir müssen heute wieder den Bauern anrufen, denn die Zeit
läuft uns davon. Nicht nur, dass irgendwann der Schlachter
vor der Tür steht (beziehungsweise Lämmchen vor der Tür
des Schlachters), sondern auch die Tatsache, dass Lämmchen eben ein Junge ist, stellt ein größeres Problem dar, als
ich dachte.

Von allen (!) Tieren auf der Welt haben Schafsböcke
im Verhältnis zu ihrer Körpergröße die größten Hoden.
Chapeau! Leider ist das charakterlich eher kontraproduktiv.

Auf der Website www.schafe-halten.de lese ich unter dem
Kapitel »Der Bock«:

»Züchter*innen sollten dem Bock immer den nötigen
Respekt entgegenbringen und reichlich Abstand einhalten.
Körperkontakt und Streicheleinheiten mit dem Tier soll-

ten vermieden werden. Von Leckereien aus der Hand sollten Züchter*innen absehen. Leider kann es vorkommen, dass Böcke zu aggressivem Verhalten neigen. Sie sollten außerdem ein Kopfhalfter tragen. So kann man die Tiere schneller fixieren.«

Ich weiß gar nicht, was mich da NICHT irritiert.

Körperkontakt und Streicheleinheiten vermeiden?

Fixieren? Lämmchen?

Auch darüber hinaus ist das Internet voll von Artikeln über Problem-Böcke (Problem-Bären scheinen nicht das Problem zu sein). Das *Westfalen-Blatt* berichtet groß über einen Schafbock, der nach dem Angriff auf einen Anwohner von der Polizei erschossen wurde. Das VOX-Haustiermagazin *Hund, Katze, Maus* widmet dem aggressiven Schafbock Toni gleich eine ganze Folge. Und eine eigene Website hat es sich zum Ziel gemacht, eine der drängendsten Fragen unserer Zeit endlich zu lösen: »Wie verteidige ich mich gegen einen Schafbock?« Kleinschrittig wird man auf den Kampf mit diesem Killer vorbereitet, inklusive bunter Grafiken. Hier die Anleitung für das *finale grande*:

»Bleibe stehen, bis der Bock angreift, und spring dann zur Seite. Es könnte ängstigend sein, still zu stehen, während er auf dich zu rennt, aber weglaufen ist keine Option, da er bis zu 60 km/h schnell laufen kann. Wenn er fast bei dir ist, wird er sich auf seine Hinterbeine stellen. Das bedeutet, er kann sich nicht seitlich bewegen. Das ist der Moment, an dem du zur Seite ausweichst. Da der Bock erwartet, nach dem Sprung mit seinem Kopf gegen etwas zu stoßen, wird er verwirrt sein, wenn dort nur Luft ist. Nutze diese Zeit für deinen nächsten Schritt.«

Die einzige Möglichkeit, der toxischen Männlichkeit Herr zu werden: Kastration. Dafür wird entweder der gesamte Hoden entfernt, oder die berüchtigte Burdizzo-Zange kommt zum Einsatz (merken für Günther Jauch, könnte die Millionenfrage werden, Sie werden mir danken!). Damit werden für sechzig Sekunden die Samenleiter so gequetscht, dass der Bock unfruchtbar wird.

Lämmchen tut mir jetzt schon leid angesichts dieser Wahl zwischen Pest und Cholera, doch tatsächlich wird die Kastration der einzige Weg sein, ihn am Leben zu halten. Ein unkastrierter Bock kann gar nicht das ganze Jahr über zusammen mit Mutterschafen laufen, weil er ja permanent im Flirtmodus wäre (etwas euphemistisch ausgedrückt). Und mit anderen Böcken würde er sich nicht vertragen wegen seiner großen Hoden. Kurz: Lämmchen muss so schnell wie möglich kastriert werden. Und eigentlich hätte das schon in den ersten vier Lebenswochen passieren müssen (zu spät). Denn: Je später ein Bock kastriert wird, desto größer ist die Gefahr, dass er irgendwann doch zum Bock wird – zumindest charakterlich. In zahlreichen Internetforen ist von herzzerreißenden Geschichten die Rede, in denen einst handzahme Lämmer (sogar solche, die mit der Flasche großgezogen wurden) irgendwann so aggressiv waren, dass man sich nur noch mit Forke bewaffnet überhaupt auf ihre Weide trauen konnte.

Wird das unser Schicksal? Das von mir und Lämmchen? Ich bin ganz ehrlich: Es ist mir völlig wurscht! Auch wenn Lämmchen irgendwann einem Raubtier gleichen würde, sodass an Streicheln, Kuscheln und Auf-dem-Schoß-Einschlafen nicht mehr zu denken wäre und ich ihn nur noch aus der Ferne ansehen könnte: All das wäre es wert. Denn Lämmchen soll leben. Nur darum geht's.

16. Mai

Hartnäckigkeit wird belohnt. Oder: Aller guten Dinge sind vier. Gestern Abend schien ich mit meinem Anruf einen guten Zeitpunkt erwischt zu haben, denn der Bauer hat sich auf ein Treffen eingelassen. Übermorgen werden wir ihn im Morgengrauen zu einem Duell … äh, nein, weniger spektakulär: Wir treffen uns »unverbindlich« am Deich bei den Schafen, um über unser »Anliegen« zu sprechen (in dieser Version habe ich ihm das aufgequatscht). Natürlich ist da nichts unverbindlich. Wir werden ihn so lange bearbeiten, notfalls mit Gewalt, pardon, bis er Lämmchen rausrückt. Und: Wir haben noch ein Ass im Ärmel! Zur Unterstützung kommt meine Plattdeutsch sprechende Mutter mit. Sie wird die Brücke sein. Zwischen einem Nordfriesen, der auch so spricht, und einer Nordfriesin, die gerne so sprechen würde.

»Dat krech wi törecht«, sagte meine Mutter und drückte mich. Seitdem wiederhole ich den Satz innerlich wie ein Mantra. Hoffentlich funktionieren positive Affirmationen auch mit Akzent.

18. Mai

Der große Tag. Axel, meine Mutter und ich waren etwas früher als verabredet am Deich, weil wir noch Lämmchen suchen wollten. Wäre ja gut, wenn er beim Gespräch dabei wäre und wir nicht nur sagen würden: »Um den da hinten links geht es, ach nee, doch nicht, das ist er nicht, da rechts, vielleicht am Gatter, so genau können wir das von hier aus nicht sehen, die sehen ja doch alle gleich aus, höhö, ja, also, den wollen wir kaufen, wenn er es denn ist.«

Nach einer Minute hatten wir ihn gefunden – beziehungsweise er uns. Als er uns sah, lief er auf uns zu und wackelte mit dem Schwanz. Nach einer kurzen Strategiebesprechung für die anstehende Verhandlung (meine Mutter redet möglichst viel, wir möglichst wenig) blieb ich bei Lämmchen am Deich und Axel und meine Mutter holten den Bauern vom Hof ab.

Ich setzte mich in einen der kleinen Gräben und blinzelte der Sonne entgegen. Seit meinem Unterdruck im Kopf bin ich unglaublich lichtempfindlich geworden. Konnte es mir davor nicht heiß und sonnig genug sein, muss ich jetzt an manchen Tagen schon bei wenig Sonnenschein eine Sonnenbrille tragen. Aber darum sollte es heute nicht gehen. Ich wollte auch auf keinen Fall sagen, dass ich lange krank gewesen und Lämmchen einer meiner behandelnden Ärzte gewesen war. Nein, bloß keine Fragen aufwerfen. Einmal normal sein. Schaf mögen, Schaf kaufen, danke, auf Wiedersehen.

Lämmchen hatte sich in der Zwischenzeit in den Gra-

ben neben mich gelegt und seinen Kopf auf meinem Oberschenkel geparkt.

»Du musst gleich ganz lieb sein, es geht jetzt um Leben
und Tod«, flüsterte ich und vergrub meine Hände in seinem
Fell. Lämmchen hatte aber schon längst seine Augen auf
halb acht und schmatzte entspannt vor sich hin. Der Ernst
der Lage ging komplett an ihm vorbei. Ich wusste ja, dass
er generell nicht aus der Panik-Fraktion war, aber dass er
nun die Verhandlung über sein Schicksal verschlafen wollte,
während ich ein nervliches Wrack war, machte mich dann
doch etwas fassungslos. Vielleicht gab es auch eine mini-
male Restwahrscheinlichkeit, dass er mich einfach nicht
verstand (glaub ich aber nicht).

Dass ich als fast 40-Jährige einmal mit einem Schaf am
Deich sitzen würde und meine größte Sorge wäre, dass ein
Bauer gleich wieder »Dat lat se man« sagen würde, hätte ich
mir auch nie träumen lassen. Aber dazu passt ein schönes
Zitat der Sängerin Jane Birkin, das ich neulich gelesen habe:
»Ich glaube daran, dass du jede Zufälligkeit mit offenen
Armen annehmen musst. Denn sie könnte dein Leben ver-
ändern.«

Während ich über Zufälle und Schicksal nachdachte und
Lämmchen nichtsahnend vor sich hin rülpste (Wiederkäuer
als Haustier muss man wollen), sah ich aus der Ferne eine
Vierertruppe, die auf uns zukam. Neben Axel und meiner
Mutter liefen ein Mann und eine junge Frau mit wilden rot-
blonden Locken. Der Bauer hatte sich anscheinend auch
Verstärkung mitgebracht.

Als sie nur noch ein paar Meter entfernt waren, stand ich auf und riss damit Lämmchen aus seinen Träumen. Er guckte sich erst verdattert um, begrüßte dann aber die Neuankömmlinge wie ein Hund mit großem Schwanzwedeln. Ich schwankte zwischen: »Großer Gott, ist das süß, jetzt kann der Bauer doch gar nicht mehr ›Nein‹ sagen«, und: »Kann sich Lämmchen nicht *einmal* wie ein normales Schaf benehmen? Das soll hier doch möglichst nüchtern über die Bühne gehen.«

Ich stellte mich dem Bauern und der jungen Frau vor, die sich als Kristina, seine Tochter, erwies. Sie lachte mich herzlich an, und aus dem Augenwinkel sah ich, dass meine Mutter mir zuzwinkerte und Axel heimlich seinen Daumen an der Hüfte hochhob. Die Zeichen standen also gut. Trotzdem war ich immer noch nervös. Der Bauer wirkte zwar auch sehr sympathisch und nicht mehr so streng wie am Telefon, aber doch ziemlich ernst. Das Ding hier schien noch nicht durch zu sein.

»Das ist ja schön, dass es geklappt hat und wir uns treffen«, stammelte ich, und mein Hochdeutsch wirkte direkt deplatziert. Der Deich, die Weite, der Wind, das Gras, der Geruch von Schafen – alles schrie nach Plattdeutsch.

»Es geht ja, wie gesagt, um ihn«, ergänzte Axel, ebenfalls steif auf Hochdeutsch, und zeigte auf Lämmchen, der seinen Kopf zwischen den Beinen meiner Mutter vergraben hatte, sodass wir alle nur seinen schmutzigen Hintern sahen. »Also, er ist ein ganz besonderes Schaf.«

Die Tochter des Bauern lachte und meine Mutter wurde rot.

Doch schnell fing sie sich wieder und setzte unseren Plan in die Tat um: Sie redet viel und wir möglichst wenig. Noch nie war ich so glücklich, sprachlich entmündigt zu sein, denn meine Mutter legte eine Glanzleistung aufs Parkett, äh, den Deich. Locker, gleichzeitig verbindlich, bodenständig, sympathisch, von hier.

»Se het de schaap so geern.«

»Dat kann man sik jo nich utdenken.«

»Jeden dag sind de beiden bi de schaap, dat is so nüdli.«

»Se wöt em so geern koopen. Se heb ok schon een platz för em.«

»Dat wär so schön, wenn he leben blieben kann.«

Sollten Sie jemals ein Schaf kaufen wollen, können Sie gerne meine Mutter konsultieren. Eine bessere Anwältin bekommen Sie nicht. Und schwierige Fälle übernimmt sie sicher auch pro bono.

Dass die Stimmung von Minute zu Minute gelöster wurde, lag auch an ihrem Referendar: Lämmchen. Während meine Mutter sprach, lief er abwechselnd zu mir, Axel und Kristina. Überall blieb er so lange stehen, bis man ihn hinter den Ohren kraulte. Nachdem er alle reihum abgeklappert hatte, lief er schließlich noch zum Bauern selbst. *So, ich wäre dann so weit. Eine Ohrmassage, bitte.*« Ich versuchte, nicht so hinzustarren und möglichst gleichgültig zu wirken, und doch machte mein Herz einen ordentlichen Satz: Der Bauer streckte nämlich irgendwann seine Hand aus und streichelte Lämmchen. Wir alle mussten lachen. Und allen war klar: Mission accomplished.

Danach ging alles ganz schnell. Im Bauernblatt würde

der Bauer nachschlagen, wie teuer aktuell ein Kilo Schaf sei. Dann würde Lämmchen gewogen und wir wüssten, wie viel wir zu zahlen hätten. Und dann konnte er die Reise zum Schutzhof antreten. Axel, meine Mutter und ich konnten nicht aufhören zu grinsen. (Hätte nie gedacht, dass ich mal etwas kaufen würde, dessen Preis sich im Bauernblatt findet. Aber ich bin so dankbar, dass ich das Ding auch sofort abonnieren würde!)

»Hat er eigentlich einen Namen?«, fragte Kristina, noch bevor sie zum Stall ging, um etwas zu holen, mit dem sie Lämmchen markieren konnte.

Oh Gott, vor dieser Frage hatte ich die ganze Zeit schon Angst gehabt. »Lämmchen« war mir irgendwie peinlich. Hätte er nicht einen richtigen Namen haben können? Kurt oder Olaf vielleicht? Der Name wirkte so kindlich und kitschig, und außerdem sah er auch gar nicht mehr aus wie ein kleines Lämmchen. Aber natürlich konnten wir ihn jetzt nicht mehr umnennen.

»Lämmchen« nuschelte ich und Kristina lachte. »Süß!«

Die Markierung, die sie ihm verpasst hat, ist übrigens ein riesiger auf den Rücken gesprühter roter Fleck. Die Dartscheibe gehört jetzt uns.

20. Mai

Wir haben bei der Vogelzählung des NABU mitgemacht. Bis jetzt ist dieses Großereignis mit dem klangvollen Namen »Stunde der Gartenvögel« immer an mir vorbeigegangen, aber anscheinend zählt ganz Deutschland an einem Mai-Wochenende die Vögel, die sich innerhalb einer Stunde im heimischen Garten aufhalten. Es soll schon mal jemanden gegeben haben, der einen Habicht gesehen hat. Das ist natürlich ein Sechser im Lotto. Ein Habicht pünktlich zur Stunde der Gartenvögel! Was soll da noch kommen?!

Insgeheim hatten wir auch die Hoffnung auf etwas Spektakuläres. Besondere Vogelsichtungen werden nämlich auf der NABU-Seite mit dem Namen des Entdeckers erwähnt. So ist zum Beispiel ein Herr Ellermann groß rausgekommen:

»Achten Sie aber stets darauf, die Vögel während der Brutzeit nicht zu stören. In der Zeit sollten deswegen auf keinen Fall Nistkästen geöffnet werden. Wie Sie trotzdem einen Blick auf den Nachwuchs erhaschen können, zeigt uns Herr Ellermann, der uns diese Aufnahme von einer fest installierten Nistkasten-Kamera zugeschickt hat: ein Kohlmeisen-Pärchen mit Nachwuchs.«

Das wär's natürlich: »Anne und Axel Hansen aus Husum fingen dieses Jahr gestochen scharf einen Zilpzalp ein.« (Ich habe noch nie einen Zilpzalp gesehen, aber ich finde den Namen so toll, deswegen steht er fast ganz oben auf meiner Must-Watch-List.) Getoppt wird er nur noch von der Türkentaube. Stelle mir immer vor, wie mal Berliner Freunde anrufen und es zu einem solchen Dialog kommen würde:

»Und wie geht's euch so auf dem Land?«

»Alles bestens. Wir beobachten gerade die Türkentauben in unserem Garten.«

Ich bitte Sie, da ist man doch angekommen im (Land)-

leben. Bewaffnet mit Stift, Papier und Fernglas, saßen wir also gespannt hinter der Scheibe, und Axel notierte akribisch, wen wir sahen. Zunächst waren es die üblichen Verdächtigen, drei Spatzen, eine Kohlmeise und eine Blaumeise (schon etwas spannender). Wenn Sie natürlich vom Hörensagen den Habicht als Messlatte haben und sogar selbst schon einen Eichelhäher gesehen, dann giert es Sie nach mehr. Sie wissen: Da ist noch mehr drin!

Dummerweise ließen sich nur noch zwei Rotkehlchen, ein Buchfink und zwei Stare blicken, und ich hatte sofort ein schlechtes Gewissen, als ich gelangweilt »Boah, wieder nur ein Rotkehlchen« an Axel weitergab.

»Und wenn wir einfach angeben, dass ein Eichelhäher da war?«, fragte ich, schließlich war es nur halb gelogen. Er war ja schon einmal in unserem Garten, nur eben nicht zur Stunde der Gartenvögel. Der rechtschaffene Axel intervenierte sofort, wollte kurz darauf aber selbst bescheißen, weil er doch ernsthaft den Vogelschwarm angeben wollte, der für etwa 0,003 Sekunden über unseren Garten hinwegflog. (»Da hätten wir mindestens zwanzig auf einen Streich.«) Sind dann doch nicht in die Kriminalität abgedriftet und haben die Meldung wahrheitsgemäß abgegeben.

Manchmal muss ich mich wirklich kneifen. Uns gehört ein Schaf, und ich sage Dinge wie: »Denk unbedingt dran, den Buchfink aufzuschreiben!«

Willkommen im neuen Leben.

JUNI

Soda-Schafe im 5-Sterne-Plus-Hotel

1. Juni

200 Stunden muss man Studien zufolge mit jemandem verbringen, um sich »Freunde« nennen zu können. Dabei reicht es nicht, zum Beispiel miteinander zu arbeiten, in der Bahn regelmäßig nebeneinanderzusitzen oder sich über Jahre im Hausflur immer mal wieder kurz zu unterhalten. Okay, Letzteres ist ein schlechtes Beispiel. Habe das gerade mal hochgerechnet: Um auf 200 Stunden zu kommen, müsste man geschlagene sechseinhalb Jahre (!) jeden Tag für fünf Minuten klönen. Wobei sich die Frage stellt, warum man das machen sollte, wenn man nicht befreundet ist beziehungsweise ob man es vielleicht lieber sein lassen sollte, wenn nach dieser Zeit nicht so etwas wie eine Freundschaft zustande gekommen ist. Also gut, streichen Sie das Beispiel. Worauf ich hinauswill: Es müssen 200 Stunden »Quality Time« sein. Ein Hobby, gemeinsame Urlaube, schöne Erlebnisse, ernsthafte Gespräche. Etwas, das zusammenschweißt. Und bei dem man den anderen wirklich kennenlernt. Nicht nur, wenn es ihm gut geht, sondern auch, wenn er mal in Joggingbuxe und mit fettigen Haaren vor einem sitzt und »Alles blöd« schnieft. 200 Stunden ungeschönte Wahrheit.

Gibt es eine Freundschaft zwischen Menschen und Tieren? Genau zu dieser Frage habe ich mal ein interessantes Interview mit einer Hundetrainerin gelesen. Ihre These: Der Hund, bekanntlich der beste Freund des Menschen, könne gar nicht mit uns befreundet sein, weil er von uns abhängig ist und wir ihn permanent einschränken. Wir haben ihn an der Leine, bestimmen, wann und was er essen darf, und legen seinen Aufenthaltsort fest. Die Trainerin sprach zwar von einer »innigen Beziehung, die auf beiderseitiger Sympathie beruht«, aber von Freundschaft im eigentlichen Sinne könne nicht im Ansatz die Rede sein.

Ob ich mit Partyboy, Heidi Klum, Bruder, Lämmchen und Saul Junior befreundet bin? Sie ahnen es. 200 Stunden »Quality time« habe ich locker voll mit ihnen, und jedes einzelne Lamm ist mir mit all seinen Eigenheiten ans Herz gewachsen. Sogar Trouble Kid habe ich mit seiner dreisten und abgezockten Art liebgewonnen. Er gehört irgendwie dazu. Jede Clique braucht schließlich jemanden, über den sich alle aufregen, der aber Schwung in die Bude bringt.

Ich glaube, dass es die intrinsische Motivation der Lämmer ist, die mich irgendwie berührt. Ich habe sie noch nie mit Futter angelockt geschweige denn ihnen etwas zum Fressen gegeben. Anscheinend gefällt ihnen meine reine Anwesenheit. Ohne dass ich irgendetwas machen muss. Das pure Sein. Nicht, dass ich meine menschlichen Freunde mit Essen bestechen muss, damit sie Zeit mit mir verbringen wollen. Aber diese reine Zuneigung, ohne etwas von dem anderen zu erwarten, ist mir zumindest bei Tieren gänzlich neu. Hunden bringt man mit Ach und Krach irgendwie »Bei Fuß« bei (Leckerchen in der Tasche helfen!), und wenn ich damals mein Pferd nicht angebunden hätte, hätte es sich wohl kaum hingelegt und wäre auf meinem Schoß eingeschlafen. Anders dagegen bei den Lämmern: Wenn die mich sehen, wollen die einfach mit mir abhängen. »*Ach cool, da ist die schon wieder. Dann können wir jetzt schön zusammen chillen.*« Noch nie habe ich mich mehr geehrt gefühlt, in einen solch erlesenen Kreis aufgenommen zu sein. Ich muss mich nicht verstellen, in keine Rolle schlüpfen, nicht um ihre Sympathie kämpfen. Die mögen mich einfach. So wie ich bin.

Ob man mit jemandem wirklich befreundet ist, zeigt sich vor allem auch, wenn man nichts sagt. Kann man gut zusammen schweigen, oder wird es direkt peinlich, wenn mal einen kurzen Moment Stille herrscht? Sucht man sofort panisch ein neues Gesprächsthema (zur Not muss das Wetter ran), oder fühlt es sich ganz normal an? Schweigen setzt nämlich Nähe voraus. Und Vertrauen.

Zugegeben, dass man mit Schafen gut schweigen kann, wird Sie jetzt wahrscheinlich nicht überraschen (Sie denken vielleicht: Jetzt spinnt sie endgültig). Aber wenn ich bei ihnen bin, habe ich nicht das Bedürfnis, Mails zu checken (kommt eh nichts mehr an, weil ich immer noch krankgeschrieben bin) oder das hübsch polierte Leben anderer auf Facebook zu verfolgen. Ich sitze da, umringt von Lämmern, schweige, blicke aufs Meer und bin einfach zufrieden.

Wahrscheinlich kann man genau diese Verbindung auch zu anderen Tieren aufbauen, bei denen man es nie erwartet hätte. Kühe, Schweine, Hasen, Vögel: Vielleicht liegt eine Seelenverwandtschaft direkt vor unserer Nase. Gestern war ein Eichhörnchen an unserem Vogelhaus. Wie ich mich kenne, hat der bald einen Namen und hockt auf meinem Schoß. Was ich sagen will: Man muss nur ganz genau hinsehen und sich auf die neue Welt einlassen. Und wenn – warum auch immer – Sie mal jemand fragen sollte: »Schaffst du noch ein Gatter?«, antworten Sie gefälligst mit »ja«. Wer weiß, was Ihnen sonst durch die Lappen geht.

Von Kristina haben wir übrigens eine Einführung in die gesamte Herde bekommen, wir kennen jetzt auch die Klarnamen der Schafe. Saul heißt eigentlich »Black Beauty«. Als wir erzählten, dass wir Black Beauty nach einem US-amerikanischen Geheimdienstchef benannt haben, lachte Kristina. »Passt auch.« Nummer 83 heißt Lulu und ist die Halbschwester von Lämmchen, sie ist ein Jahr älter als er. Nummer 57, die Unersättliche bei der Thai-Massage, ist »Motte«, genannt »Motti«. »Baby« heißt »Mucki« und ist tatsächlich ein kleinwüchsiges Schaf und nicht ein Lamm, wie wir erst angenommen hatten. Und Omas richtiger Name ist »Line«. Mit zwölf Jahren ist sie mit Abstand die Älteste der Herde, lagen wir also wieder richtig!

»Mucki und Line sind meine Soda-Schafe«, sagte Kristina. Es ratterte in meinem Kopf. Soda … Soda, noch nie gehört. Da wusste ich inzwischen doch so viel über Schafe, aber das sagte mir gar nichts. War das eine besondere Rasse?

»Soda?«, fragte ich unsicher und Kristina lachte. »Die sind einfach *so da.*« Sie kamen nicht zum Schlachter und sollten keine Lämmer bekommen. Nutzlose Nutztiere – davon sollte es mehr geben! »Ich würde ja am liebsten immer alle Schafe behalten, aber unser Platz wird langsam etwas zu knapp«, sagte Kristina. Leider sei ihr Soda-Kontingent deswegen aufgebraucht.

Je mehr Kristina von den Schafen erzählte, desto mehr wurde klar: Das waren hier nicht nur besondere Schafe, sondern es war auch ein ganz besonderes Fleckchen Erde, ein 5-Sterne-Hotel für Schafe. Seitdem sie klein ist, kümmert sich Kristina aufopferungsvoll um die Schafe. Sie zieht Lämmer, die von ihrer Mutter verstoßen wurden, mit der Flasche auf. Über zwei Monate lang wird sie dann alle drei Stunden zur Milchstation – auch nachts. »Die kriegen Bauchschmerzen, wenn man ihnen abends mehr gibt, damit man selbst durchschlafen kann. Da steh ich dann lieber oft auf.« Sobald ein Schaf humpelt, massiert sie das Bein und reibt es mit einer speziellen Creme ein. Für alle, denen es draußen zu kalt ist, hat sie einen warmen Stall mit Heu. Und die Schwänze der weiblichen Lämmer bleiben so, wie sie sind. Bei den meisten Schafbauern werden diese nämlich mit einem Gummiring abgeklemmt und fallen dann irgendwann ab, eine schmerzhafte Prozedur. So soll vor allem sichergestellt werden, dass sie später vom Bock leichter gedeckt werden können. »Ich denk mir immer, dass sich die Natur doch was dabei gedacht hat, dass das Schaf einen Schwanz hat«, erzählt Kristina. »Also ist es doch viel schöner, den dran zu lassen.«

Von jedem einzelnen Schaf kennt sie die Verwandtschaftsverhältnisse – über Generationen. Das klingt dann so: »Das da drüben ist die Schwester von Black Beauty, und die mit den schwarz-weißen Ohren ist die Halbschwester zu der mit den braunen Beinen. Die beiden am Gatter sind Schwestern, und daneben steht ihre Tante.« Würde man einen Stammbaum zeichnen, wäre der komplexer als jedes Organigramm eines DAX-Konzerns. Wahrscheinlich kennt sich niemand besser mit Schafen aus als Kristina. Sie zeigte uns, welche Stelle an der Achsel man eindrücken muss, damit sich ein Schaf schlagartig wie in Hypnose entspannt. »Das hab ich durch Zufall mal bei einer Geburt entdeckt. Die Schafe verkrampfen ja immer, und ich habe einfach ausprobiert, ob es Stellen gibt, an denen sie besonders gerne zur Entspannung massiert werden.« Nun wissen Sie, wer die PDA für Schafe entwickelt hat: Kristina aus Nordfriesland war es!

Und wenn sie am Deich steht und die Schafe in alle Himmelsrichtungen verstreut sind, braucht sie nur einmal zu pfeifen. Die ganze Herde sprintet dann direkt los und bildet einen Kreis um sie. Hier war er also, der Grund, warum dieser Deichabschnitt wie das Gleis 9 ¾ war: eine Parallelwelt, die nicht wunderbarer hätte sein können.

Es tut mir im Herzen weh, dass Lämmchen dieses 5-Sterne-Hotel bald verlassen muss. Die Vertreibung aus dem Paradies. Aber die Alternative wäre wohl, als Schaschlik-Spieß zu enden. Insofern: Hauptsache leben! Ach ja: Die Mutter von Lämmchen heißt Maria, wie wir erfahren haben. Ich sag's ja: Lämmchen ist der Gesandte.

5. Juni

Mein Geburtstag und ein großer Tag für Lämmchen. Er wurde kastriert. Endlich!

Leider konnte ich keine Pfoten halten, denn der Tierarzt verspätete sich und ich musste irgendwann aufbrechen und für meine Gäste Kuchen anschneiden. Aber Kristina schrieb mir später eine Nachricht, dass er alles gut überstanden hatte. Der Tierarzt habe noch nie so einen lieben Bock erlebt. Sehr stolz gewesen auf das tapfere Lämmchen!

Meine Schaf-Liebe wirkt sich übrigens auch auf Geschenke aus. Meine Ausbeute in diesem Jahr:

- ein großes Holzschild für den Garten mit Pfeil und der Aufschrift »Zu Lämmchen« (von meinen Eltern)
- den legendären Schaf-Pullover von Lady Di (von Axel)
- eine Karte mit Schaf-Motiv von einer Künstlerin (von meiner Schulfreundin Melanie, wurde direkt eingerahmt)
- ein Buch, wie man mit Tieren sprechen kann (von meinem Freund Clemens aus Berlin)

Abends bin ich noch mal zu Lämmchen gefahren. Katern sagt man ja nach, dass sie nach der Kastration oft beleidigt und gekränkt sind, weil man ihnen ihre Männlichkeit genommen hat. Doch Lämmchen scheint mit seinem Schicksal nicht zu hadern. Die einzige Veränderung, die vom neuen Lebensabschnitt zeugt: Er läuft so breitbeinig wie ein Fußballer nach einem Trainingscamp.

8. Juni

Der Schutzhof hat gerade angerufen. Sie können Lämmchen nicht aufnehmen. Ihr Bock sei in letzter Zeit häufiger aggressiv gewesen. Lämmchen müsse alleine stehen. Das kriegen sie organisatorisch nicht hin. Wird ohnehin alles zu viel. Aber wir finden bestimmt einen anderen Hof. Alles Gute.

Aufgelegt.

Direkt angefangen zu weinen.

War alles umsonst?

9. Juni

9 Uhr

Ich habe alle in meinem nordfriesischen Bekanntenkreis angeschrieben, die ich auch nur im Entferntesten mit den Themen Flora, Fauna, Garten, Grün, Tiere, frische Luft, Stall, Mutter Natur in Verbindung bringe.

22 Uhr

Alle haben sich gemeldet. Sagen wir so: Wieder geweint.

10. Juni

Konnte die ganze Nacht nicht schlafen, weil ich einfach keine Lösung für Lämmchen sehe. Einen Bock – selbst einen kastrierten – irgendwo unterzubringen, scheint schwerer zu sein, als Touristen auf den Mars zu fliegen. (Wobei, soll das nicht bald stattfinden?) Niemand will Lämmchen, niemand hat eine Idee, und ich google schon: »Darf der Vermieter es verbieten, ein Schaf im Garten zu halten?« (Habe mich in die Untiefen der Verwaltungsgerichte eingearbeitet. Kurze Antwort: Ja. Schafe haben keine Chance. Kaninchen wären problemlos.) Ich habe auch so ein schlechtes Gewissen Kristina und ihrem Vater gegenüber. Da quatsche ich Ihnen ein Schaf ab und habe am Ende doch keine Lösung, wo es bleiben soll. Jetzt fällt mir nur das Zitat von Bertolt Brecht ein, das in einer Ferienwohnung mal im Gäste-WC hing (warum, wird auf ewig das Geheimnis des Vermieters bleiben): »Wer kämpft, kann verlieren, wer *nicht* kämpft, *hat schon verloren*.« Obwohl Kristina gesagt hat, dass sie keinen Platz für ein weiteres Soda-Schaf hat, schnappe ich mir mein Handy und rufe sie mit zittrigen Händen an.

Ein Anruf, der über so viel entscheidet. Zum Glück nicht über Leben und Tod, denn zur Not müsste Lämmchen eben bei uns im Reihenhaus einziehen. Ähem.

Es klingelt nur kurz, bis Kristina ans Telefon geht. Ich schildere mit zittriger Stimme, dass der Gnadenhof abgesprungen ist, und zum Glück verspricht sie, die Sache mit ihrem Vater zu besprechen. Sie meldet sich.

12. Juni

Ich überbrücke die Wartezeit, indem ich mich mit Lämmchen unterhalte. Zugegeben, ich labere den ja permanent
zu, aber jetzt will ich das Ganze strategisch angehen. Habe
am Wochenende endlich das Buch *Animal Talk* gelesen,
das Clemens mir zum Geburtstag geschenkt hat, und heute
will ich es in die Tat umsetzen. Normalerweise würde ein
englisches Buch auf direktem Weg ungelesen im Regal ver-
schwinden. Denn nein, ich gehöre nicht zu den schlauen
Menschen, die über eine synchronisierte Filmfassung jam-
mern, weil dadurch so viel vom Original verloren gehe.
Mein Englisch ist zu schlecht und ich bin zu faul. Aber anscheinend versetzt der Wille Berge. Und offensichtlich ist
das eine Art Gradmesser: Ob man etwas wirklich wissen
will, lässt sich daran ablesen, ob man sich mühsam durch
ein englisches Sachbuch quält. Ich vermelde: Bin im abso-
luten Freak-Stadium angekommen. Habe Passagen sogar
farblich markiert.

Wenn ich alles richtig verstanden habe, ist schon die
Eingangsthese der Autorin ziemlich abgefahren. So hätten
Menschen und Tiere zwar unterschiedliche körperliche
Fähigkeiten, aber mental seien sie ebenbürtig. »Die Tat-
sache, dass Tiere keine Briefe schreiben oder Gitarre spie-
len können, bedeutet nicht, dass sie nicht intelligent sind.
Oder werden etwa Menschen als weniger intelligent ange-
sehen, weil sie nicht wie Vögel fliegen oder so schnell wie
Schimpansen rennen können?«, schreibt Penelope Smith,
eine fast 80-jährige Amerikanerin, die auf Bildern unglaub-

lich jugendlich aussieht und die als Pionierin der telepathischen Tierkommunikation gilt. Jeder von uns könne intuitiv von klein auf mit Tieren sprechen, doch mit dem Alter würden wir diese Fähigkeit verlieren. Wenn sich Ihr Kind also mal halb tot lacht, weil das Kaninchen ihm so einen lustigen Witz erzählt hat, denken Sie bitte nicht: »Woher nimmt das Kind nur diese Phantasie?«, sondern lieber: »Den hätte ich auch gerne gehört! Wusste gar nicht, dass wir so ein lustiges Kaninchen haben!«

Die gute Nachricht: Smith hat eine 6-Schritte-Anleitung erstellt, mit der auch wir Erwachsenen wieder lernen können, mit Tieren zu kommunizieren. Und die geht so:

Schritt 1: Stilles Beobachten

Setzen Sie sich bequem hin und beobachten Sie das Tier. Erlauben Sie sich keine Ablenkung und lassen Sie alle Gedanken, die Ihnen durch den Kopf schießen, einfach friedlich weiterziehen. Der Fokus sollte ausschließlich auf dem Tier liegen. Diesen Part habe ich bei Lämmchen mit Bravour gemeistert. Obwohl ich immer wieder daran denken musste, wo er wohl einen Platz finden würde, sah ich ihn für mehrere Minuten hochkonzentriert an (könnte ich Stunden machen!). Was mir wieder einmal aufgefallen ist: Er hat so lange und volle Wimpern, dass er eigentlich direkt einen Werbedeal für Maybelline unterschreiben könnte. Er ist ohnehin das schönste Schaf, das man je gesehen hat. (ICH BIN OBJEKTIV!)

Schritt 2: Etwas visualisieren

Um sich auf das Telepathie-Game einzulassen, kommt nun eine kleine Vorübung. Man stelle sich so genau wie möglich einen Gegenstand vor und »werfe« ihn dann telepathisch vor die Füße des Tieres. Um es mir einfach zu machen, habe ich einen großen roten Ball visualisiert. Klappte wunderbar! Ich sah ihn in allen Details vor mir und war mir am Ende fast sicher, dass er zwischen Lämmchens Pfoten lag.

Schritt 3: Aufmerksamkeit gewinnen

Nun haben Sie schon einmal die richtige Energie aufgenommen und können mit der Kontaktaufnahme beginnen. Sagen Sie den Namen Ihres Tieres oder stupsen Sie es kurz an. Hauptsache, das Tier nimmt wahr, dass dieser stumme, komisch starrende Mensch jetzt etwas von ihm will. Sleepy-Lämmchen hatte an dieser Stelle dummerweise seine Augen schon wieder auf halb acht und reagierte nicht auf meine Stimme. Ich kniff ihn ordentlich ins Fell, was er aber auch kaum wahrnahm. Vielleicht haben Sie ein nicht so dickfälliges Tier, höhö. Macht es leichter.

Schritt 4: Hallo! Selber hallo!

Es ist so weit: Sie sagen laut und deutlich und unironisch »Hallo« – und stellen sich vor, dass Ihr Tier mit einem »Hallo« antwortet. Sie müssen es an dieser Stelle nicht wirklich hören, sondern es geht vielmehr darum, dass Sie offen werden für die Idee, mit einem Tier eine Begrüßungsformel austauschen zu können. So lange wiederholen, bis Sie wirklich das Gefühl haben, dass Ihr »Hallo« angekommen ist und Sie auch etwas empfangen haben. Ehrlicherweise war mir das ganze Prozedere bei Lämmchen hier schon entglitten. Denn er schlief und schien das auch nicht ändern zu wollen.

Schritt 5: Wie geht's?

Wie es theoretisch weitergeht (so weit bin ich mit Lämmchen gar nicht gekommen): Sie sind nun bereit, in die eigentliche Konversation einzusteigen. Fragen Sie Ihr Tier, wie es ihm geht, und lassen Sie ALLE Antworten ohne Vorbehalte zu. Smith schreibt: »Wenn Sie zum Beispiel Ihre Hündin fragen, wie es ihr geht, und der direkte Gedanke, den Sie empfangen, lautet: ›miserabel‹ – denken Sie jetzt nicht: ›Das kann nicht sein. Ihr Fell glänzt, sie bekommt gutes Futter, also muss es ihr gut gehen.‹ In diesem Fall hätten Sie Ihre eigenen Gedanken oder Bilder in die Antwort Ihres Hundes projiziert und verhinderten so, dass Sie in Zukunft weiter Antworten erhalten.« Kurz: Bügeln Sie nicht alles gleich ab, was nicht sein kann (gilt auch für die Konversation mit Menschen!).

Schritt 6: Die Antwort wertschätzen

Nachdem Ihnen das Tier geantwortet hat, bedanken Sie sich lächelnd (wichtig!) bei ihm. Sie können nun weitere Fragen stellen oder – wenn Ihnen nichts einfällt – den Ball zurückspielen und fragen: »Gibt es etwas, das du mir gerne sagen möchtest?«

In ihrem Buch erzählt Smith von erstaunlichen Gesprächen, die sie auf diese Art und Weise mit Tieren geführt hat. Da ist zum Beispiel die Katze Peaches, die sie von einer Frau übernommen hatte, weil diese nicht mit ihr zurechtkam. Peaches nahm nämlich sofort Reißaus, wenn sie einen Menschen sah, und schien auch draußen ein traumatisiertes Häufchen Elend zu sein. In der Gesprächstherapie (!) mit Smith berichtete Peaches, dass sie schon oft von anderen Katzen attackiert worden war. »Indem sie sich diese Situationen noch einmal vergegenwärtigte, fühlte sie sich schon wesentlich besser und konnte emotional wieder auftanken«, schreibt Smith. Nachdem sie mit Peaches in mehreren Sitzungen alles besprochen hatte, fand sie eine komplett veränderte Katze vor. »Sie rannte nicht mehr weg, wenn Menschen in den Raum kamen, sondern legte sich auf den Rücken und schnurrte.«

Ich weiß nicht, ob ich jemals so tiefgründige Gespräche mit Lämmchen haben werde. Habe eher das Gefühl, dass es mit ihm Richtung Loriot geht. Muss irgendwie an den Sketch »Feierabend« denken.

Sie: Was machst du da?
  Er: Nichts…
  Sie: Nichts? Wieso nichts?
  Er: Ich mache nichts …
  Sie: Gar nichts?
  Er: Nein …
  (Pause)

Sie: Überhaupt nichts?

Er: Nein … ich sitze hier…

Sie: Du sitzt da?

Er: Ja …

Sie: Aber irgendwas machst du doch?

Er: Nein …

(Pause)

Sie: Denkst du irgendwas?

Er: Nichts Besonderes …

Ich befürchte, Lämmchen geht es wie dem Mann im Sketch. Er will nur in Ruhe am Deich liegen, nichts Besonderes denken und sein Leben genießen. Vielleicht sollte ich die Smith-Methode bei Partyboy anwenden. Der labert mir sicher direkt eine Kartoffel ans Ohr. Oder Saul: Sie wäre wahrscheinlich so eloquent, dass ich der Unterhaltung intellektuell gar nicht folgen könnte. Nein, das ist es! Ich muss natürlich mit der Neugierigen sprechen! Mehr Deichfunk krieg ich nicht!

13. Juni

Ein Anruf. Drei Worte. Signifikanter Anstieg des Taschentuchverbrauchs in Nordfriesland.

Lämmchen. Darf. Bleiben.

20. Juni

Der Paketbote bringt unsere neue Identität. Denn machen wir uns nichts vor. Wir sind jetzt *nature kids*. Durch Lämmchens Rettungsaktion werden wir weiterhin die meiste Zeit – bei Wind und Wetter – am Deich bei den Schafen verbringen, also rüsten wir auf. Das Motto der Stunde: FUNKTIONSKLEIDUNG.

Haben uns in den letzten Tagen mit verschweißten Nähten und PU-Beschichtung beschäftigt, kennen den himmelweiten Unterschied zwischen windabweisend und winddicht, wissen, was porenlose und mikroporöse Membrane sind und fragen, ohne zu lachen: »Und wie sieht das Packmaß aus?«

Heute kommt für Axel eine Zipp-Hose an, bei der man mithilfe eines Reißverschlusses die Hose bis zum Knie abtrennen kann. »Das glaubt mir keiner«, sagt er, während er sie im Wohnzimmer anprobiert. Überall an der Hose gibt es kleine Taschen und Ösen, an denen man Karabinerhaken befestigen kann (WAS PLANT ER?). Axel aber ist so begeistert, dass er dreimal hintereinander den Stoff ab- und wieder ranzippt. »Geil!«, sagt er und droht: »Ich glaub, die trag ich jetzt nur noch.«

Vielleicht sind doch ein wenig die Pferde mit uns durchgegangen, denke ich noch. Aber wer im Glashaus sitzt … Mein neuer Anorak ist extra reiß- und abriebfest, hat einen praktischen Zwei-Wege-Reißverschluss und Ventilationsöffnungen unter den Achseln, und man kann die Kapuze so eng wie eine Badekappe einstellen, dass auch wirklich kein

Windstoß an die Ohren dringt. Axel und ich sehen aus, als
könnten wir uns für eine Weile durch die Wildnis schlagen
oder aus dem Stand den Jakobsweg laufen. Manchmal muss
man Lebensmodelle auch beerdigen können. Adieu, unge-
fütterte Wollmäntel, gehabt euch wohl!

22. Juni

War heute Mittag am Deich, und schnell versammelten sich
Schäfer-Gümbel, Heidi Klum, Lämmchen und Bruder um
mich herum. Und selbst Saul Junior legte sich lieb und brav
an meine Füße. Hatten wir den auch gezähmt! Ich wusste
nicht, ob mir nach Lachen oder Weinen zumute war. Dass
Lämmchen hier gegen eine kleine monatliche Gebühr bleiben durfte, war natürlich ein Sechser mit Zusatzzahl. Ach,
was sag ich! Euro-Jackpot, 120 Millionen! Doch dass die
anderen bald nicht mehr hier sein würden und auch nicht
woanders, war so surreal, dass ich immer wieder schlucken
musste. Und sie ahnten nichts. Sie lagen so zufrieden da, als
würden sie es für immer tun. Mir war klar, dass es so einen
Sommer so schnell nicht wieder geben würde. Wahrscheinlich gar nicht mehr. Ein undefinierbares Gefühl, wenn sich
das Glück der Einzigartigkeit mit der Trauer über die Einzigartigkeit paart.
 Während ich tapfer gegen Tränen ankämpfte, kam meine
Mutter zufällig mit dem Fahrrad vorbei.
 »Ach nee, wie lustig, bist du auch hier! Das ist ja ein
süßer Anblick, da muss ich gleich mal ein Foto machen.«

Sie kramte in ihrem Rucksack nach dem Handy, doch als sie es gefunden hatte, hatte ich den Kampf gegen diese komische Flüssigkeit im Auge verloren.

»Ich versteh das, du bist so traurig«, sagte meine Mutter und kämpfte jetzt auch mit den Tränen.

»Ja«, brachte ich irgendwie raus.

»Es war doch aber so schön, dass du sie hattest.«

»Das stimmt«, schniefte ich und wischte mir mit dem Pullover die Augen trocken. Grundgütiger, ich stellte wirklich einen Weinrekord nach dem anderen auf. »Genug geweint, mach mal das Foto!«

Ich lächelte in die Kamera, und meine Mutter drückte ab.

Da fiel mir wieder auf, wie wenige Fotos ich von den Lämmern gemacht hatte. Oder Videos. In all der Glückseligkeit habe ich irgendwie gar nicht daran gedacht.

Wie vor ein paar Jahren in Amerika. Wir waren in einer kleinen Bucht in Kalifornien, als plötzlich ein Delphin direkt vor unserer Nase schwamm. So nah hatte ich noch nie einen gesehen. Und er schwamm so friedvoll und imposant durch das Wasser, dass mir der Atem stehen blieb.

Als er nicht mehr zu sehen war, schimpfte ich wie ein Rohrspatz. Ich hatte nämlich weder Handy noch Kamera dabei und konnte also kein Foto machen. In einem Zeitalter, in dem jedes blöde Avocadobrot für die Nachwelt festgehalten wird, entkam mir einfach so ein Delphin in Kalifornien. Ich war fassungslos. Manchmal hat man fast den Eindruck, dass nur das, was fotografiert wird, überhaupt stattgefunden hat. Hatte es den Delphin dann eigentlich gegeben?

Ich muss einen so derangierten Eindruck gemacht haben,

dass eine Amerikanerin zu uns herüberkam und fragte, ob alles in Ordnung mit mir sei.

Ich erklärte ihr, dass ich kein Foto von dem Delphin machten konnte und mich deswegen so ärgerte.

Sie lachte. »Oh, I understand. But you took a mental picture«, sagte sie und zeigte auf ihren Kopf. »They are the most valuable anyway.«

Wahrscheinlich sind die Bilder, die man im Kopf speichert, wirklich die wertvollsten. Denn tatsächlich: Bis heute sehe ich den Delphin glasklar vor mir. Ich spüre sogar noch den Sand unter meinen Füßen, sehe die Steilküste links und rechts, hinter mir die alte Steintreppe mit den unebenen Stufen. Auch von den Lämmern überdauern viele *mental pictures*. Und dieses hier, im Kreis meiner Clique, bleibt zusätzlich auf einer Festplatte.

Ach ja, es kam, wie es kommen musste: Das Eichhörnchen war wieder da. Es heißt jetzt »Hörni«.

JULI

It's a Miracle, Honey

Plötzlich Hochsommer. Blauer Himmel. Überrumpelte weiße Beine. Erster Sonnenbrand.

Nordfriesland schwitzt. Und mit uns Heerscharen von Touristen. Die Straßencafés platzen aus allen Nähten, der Strand in St. Peter Ording ähnelt Rimini und in den Husumer Altstadtgassen hört man Schwäbisch, Schwyzerdütsch und Ruhrpott-Schnauze. Wir sind endgültig zum internationalen Pflaster mutiert. Ausnahmslos alle Touristen haben übrigens dünne Daunenjacken in Leuchtfarben dabei. Es muss eine Verordnung des Landes Schleswig-Holstein geben, die bei Buchung automatisch mitgeschickt wird. »*Laut Paragraph 20 Absatz 5 sind Sie verpflichtet, eine neonfarbene Daunenjacke mitzunehmen. In der Wahl zwischen Neongelb, Neonpink oder Neongrün sind Sie frei.*« Vielleicht kann man auch irgendwo Nordfriesland-Starter-Kits kaufen. Zusätzlich zur leuchtfarbenen Daunenjacke gibt's dann noch eine Mütze mit Sternen obendrauf.

Huch, ich schweife ab. Wo war ich stehen geblieben? Ach ja, wir schwitzen. Bei den Schafen allen voran Lämmchen, denn die Mutterschafe wurden am ersten Juli-Wochenende geschoren. Auf den Po setzen, Schermaschine an, Haare ab und fertig. Wie am Fließband wurden alle von ihrer Wolle befreit und laufen jetzt wie gerupfte Hühner am Deich umher. Lämmchen ist erst im nächsten Jahr dran, da die Haut erst eine richtige Fettschicht entwickeln muss, wie Kristina mir erklärt hat.

Schafe sehen ja frisch geschoren wirklich komisch aus. Was vorher die schöne Wolle verdeckte, wird jetzt gnadenlos offenbart. Es ist wie bei uns Menschen: Wenn wir alle plötzlich nackt wären, sähe man auch Dinge, die man lieber nicht sehen würde.

Besonders bei der zwölfjährigen Line stechen die Knochen hervor. Wie kantig sie plötzlich aussieht, mit tief eingefallenen Hüften, spitzer Kruppe und einem scheinbar viel zu großen Kopf für diesen klapprigen Körper. Aber irgendwie ist gerade dieser Anblick auch unglaublich rührend. So alte und, ja, nutzlose Nutztiere sieht man sonst einfach nicht »in freier Wildbahn«. Ist es nicht unglaublich schön, dass sie hier leben darf?

A propos Leben: Axel hat wieder ein Leben gerettet, er bekommt bald das Bundesverdienstkreuz, mindestens!

Was ist passiert? Wir haben neulich mit Petra eine Fahrradtour zur Arlau-Schleuse gemacht, einem Naturschutzgebiet etwa 15 Kilometer nördlich von Husum, direkt am Meer. Während ich den Turbo-Gang meines E-Bikes einlegte (glauben Sie mir, hier oben geht es nicht anders), dachte ich mir, wie gut ich es eigentlich habe. Ich kann Fahrrad fahren! Vor zehn Monaten hätte ich es nicht für möglich gehalten, das jemals wieder zu können. Wenn ich daran denke, wie ich damals im Auto auf dem Seitenstreifen stand und heulend darauf wartete, dass Axel mich abholte ... Und nun war das zwar keine blasse, sondern eine sehr lebhafte Erinnerung, aber sie war eben genau das: eine Erinnerung. Etwas aus der Vergangenheit. Damals schien die Zeit in der Waagerechten nicht zu vergehen, ich schien tief drin zu sitzen in einem Loch mit zu steilen, zu glatten Wänden, um je wieder rauszukommen. Und jetzt blickte ich aus der Ferne darauf zurück!

Im Leben sind es meist kleine, tippelige Mini-Schritte, die einen voranbringen. Und oft geht es auch erst einen Schritt zurück, bevor es wieder zwei nach vorne geht. Darum sieht man manchmal den Fortschritt nicht. Aber in der Summe bewegen eben viele kleine, tippelige Mini-Schritte doch etwas. Und irgendwann sitzt man wieder auf einem Fahrrad und ist auf dem Weg zu seinem geheimen Lieblingsplatz.

An der Arlau-Schleuse ist es nämlich so herrlich und entspannend und ruhig und postkartenreif, dass man sich hinterher immer wie nach einem Besuch im Vabali fühlt, einem Berliner Edel-Spa im balinesischen Stil. (Können Sie günstiger haben, kommen Sie nach Nordfriesland!)

Das Beste: Fast niemand hat diesen Flecken Erde auf dem Schirm. Bis auf ein paar Vogel-Freaks, die, beladen mit Spiegelreflexkamera und Fernglas, leise und unauffällig in Tarnklamotten durchs Gras stapfen, sind wir meistens alleine dort.

Oh Gott, muss gerade an *Zeit Online* denken, die vor ein paar Jahren die Berliner aufforderten, ihre liebsten einsamen Badestellen zu verraten. Ein Sturm der Entrüstung brach los. »Merkt ihr selber, ne?«, war mit Abstand der freundlichste Kommentar unter dem Artikel.

Aber nun gut. Auch auf die Gefahr hin, dass die Arlau-Schleuse nach diesem Buch geflutet wird wie der *Canal Grande* in Venedig: Fahren Sie hin, es ist traumhaft schön!

Kleine, urige Trampelpfade führen zum Wasser, Schafe, die lustigerweise aussehen wie englische Richter im 19. Jahrhundert (Sie kennen doch diese komischen Locken-Perücken!) grasen friedlich um das Speicherbecken, und dann gibt es noch einen geheimen, breiten Sandstrand, der bei Ebbe wie Phönix aus der Asche auftaucht und den wir nur »The Beach« nennen. (Der Film mit Leonardo DiCaprio hätte locker auch hier gedreht werden können!)

Aber stopp, das geht jetzt zu weit. Wo der geheime Strand ist, verrate ich nun nicht. Das müssen Sie schon selbst herausfinden, ha!

Jedenfalls saßen wir gerade an der Arlau-Schleuse im Gras und picknickten, als ein lautes Geräusch uns aus unserer Unterhaltung riss. »Platsch!«, machte es neben uns im Speicherbecken, und eigentlich war uns sofort klar, was das gewesen sein musste. Da weit und breit kein Vogelfreak zu sehen war, konnte es sich nur um einen englischen Richter handeln.

Wir rannten zur Schleuse und sahen mehrere Meter unter uns im Wasser ein sehr großes Lamm. Es hatte vor Panik weit aufgerissene Augen und strampelte um sein Leben. Schafe können zwar schwimmen, aber nicht sehr gut und vor allem nicht sehr weit. Denn die Wolle saugt sich so schnell voll, dass das Schaf unter Wasser gezogen wird und schlicht ertrinkt. Was die Situation noch erschwerte: Das Lamm konnte gar nicht an Land schwimmen, denn links und rechts stand steil die glatte Wand der Schleuse. Es war ein grausamer Anblick. Hilflos kämpfte das Lamm gegen das Wasser an, wohl wissend, dass weder rechts noch links ein Ausweg war. Jeden Moment würde es untergehen.

Petra und ich schrien laut, aber wenig konstruktiv auf (bauen Sie nicht auf uns, sollten Sie mal in eine Schleuse fallen, von uns ist keine Hilfe zu erwarten). Aber zumindest konnten wir geistesgegenwärtig Axel eine exakte Anleitung geben, wie er das Schaf zu retten hatte: »Tu was, tu was, nun mach, neeeeein, es ertrinkt, oh Gott, nun tu doch endlich was, ist das schrecklich, tu waaaaas!«

Axel sprintete los, zog sich die Turnschuhe aus und kletterte waghalsig die schräge Steinbefestigung hinunter, die sich ein paar Meter hinter der Mauer befand. Er legte sich flach auf den Boden, streckte den Arm über dem Wasser aus und rief: »Na los, hierher.« Eigentlich musste das Lamm jetzt nur irgendwie ein ordentliches Stück geradeaus schwimmen, dann hätte Axel es vielleicht mit viel Glück ergreifen und über den Mauervorsprung hieven können.

Eigentlich.

Als das Lamm Axel nämlich sah, riss es noch panischer die Augen auf als ohnehin schon. Anscheinend war es ein normales Schaf und nicht so ein komisches Exemplar wie Lämmchen und Co. Es hatte eine Heidenangst vor Menschen.

Während der Körper immer mehr unter Wasser sank

und Petra und ich immer lauter schrien, sah man förmlich, wie es im Kopf des Lamms ratterte.

»Ich werde das hier nicht schaffen, aber der Typ da sieht auch alles andere als koscher aus. Und dann noch diese zwei Irren hinter ihm. Himmel, das ist ja wie die Wahl zwischen Pest und Cholera. Warum muss diese Scheiße immer mir passieren?«

Doch offenbar entschied es, dass Axel doch das kleinere Übel war, denn schließlich schwamm das Lamm tatsächlich mit letzter Kraft auf ihn zu. Inzwischen war auch der Kopf fast im Wasser versunken, und die angsterfüllten Augen sprachen Bände.

»Was mach ich hier bloß?«

»So oder so – das ist mein Ende.«

Als es schließlich so nah war, dass Axel es greifen konnte, schien es mit dem Leben abgeschlossen zu haben.

»Gott steh mir dabei.«

»Das war's.«

Das Weiße in seinen Augen stach so grell hervor, dass wir uns sicher waren, es würde gleich an einer Herzattacke sterben. Wahrscheinlich fühlte es sich wie ein Mensch vor einer Zahnwurzelbehandlung: Man weiß, dass es richtig ist, aber sehenden Auges begibt man sich in die Hölle auf Erden.

Axel fackelte nicht lange und griff in die nasse Wolle. Ein letzter Kampf um Leben und Tod wurde ausgetragen: Manneskraft gegen Schwerkraft und dazwischen ein Lamm, das nicht wusste, in welchem Alptraum es gelandet war.

Keuchend und prustend zerrte Axel, inzwischen mit beiden Händen, so lange an dem Lamm, bis er es schließlich – hauuu ruck! – wie einen nassen Sandsack neben sich auf die Wiese schleuderte. Sofort rappelte es sich auf die Beine, bewegte sich dann starr vor Schreck aber für mehrere Sekunden nicht.

»Das glaubt mir keiner.«

Dann schüttelte es sich und ergriff die Flucht, so schnell, dass wir nur noch sein Hinterteil sahen.

Petra und ich jubelten und klatschten und konnten uns gar nicht mehr beruhigen. Just in dem Moment tauchten zwei Spaziergänger auf, die uns irritiert ansahen.

»Er hat gerade ein Lamm gerettet!«, schrie ich euphorisch und zeigte auf Axel, der die Hände auf die Oberschenkel gestützt hatte und immer noch aus dem letzten Loch pfiff. »Da, aus der Schleuse! Es war reingefallen und er hat es rausgezogen.«

Ich weiß, dass alles Überschwängliche nicht in unserer Mentalität steckt. Aber irgendwie hatte ich doch mehr erwartet als: »Ah ja.« Kurzes Nicken. Und weg waren sie.

Eigentlich war es ja schnurzpiepegal, dass die Spaziergänger so gänzlich unbeeindruckt waren. Das Lamm war nicht beleidigt, dass sein knappes Überleben nicht gefeiert wurde. Und Axel war nicht beleidigt, dass sein Heldentum nicht gefeiert wurde. Doch mir tat es leid für die Spaziergänger. Ist das Leben nicht so viel schöner, wenn man sich von Herzen über Unvorhergesehenes am Wegesrand freuen kann? Wenn man sich einfach mal so von Gefühlen übermannen lässt und vollkommen ungeplant enthusiastisch und begeistert ist?

Wie es auch gehen kann, habe ich in Amerika gelernt,

dem Land der notorischen Optimisten. Vor ein paar Jahren machten wir Urlaub in Naples, einem kleinen Rentner-Städtchen an der Westküste Floridas. Jeden Abend versammelten sich alle am Strand – Einwohner, Touristen, Vorbeireisende saßen auf Picknickdecken oder mitgebrachten Campingstühlen, hatten Wein und Snacks dabei und warteten gebannt auf das große Finale: Wenn die Sonne hinter dem Horizont ins Meer zu sinken begann, fingen sie an zu klatschen, ausnahmslos alle, vom Kleinkind bis zur Oma. Der ganze Strand applaudierte, und sobald die Sonne ganz untergegangen war, packten sie ihre Sachen und gingen nach Hause. Um am nächsten Abend wieder dort zu sein und sich die Hände wund zu klatschen.

Nach einer kurzen norddeutschen Irritation: »*Warum um Himmels willen klatschen die jetzt?*« fanden wir es unglaublich bewegend, dass so etwas Alltägliches wie ein Sonnenuntergang gefeiert wurde wie eine Verdi-Oper in Rom.

»Das ist ja toll, dass Sie alle klatschen«, sagte ich eines Abends zu einer Gruppe Seniorinnen, die mit toupierten Haaren und rot lackierten Fingernägeln neben uns saßen, ihre Sektgläser in den Sand gestellt hatten und wie wild Beifall spendeten.

»It's a miracle, honey«, antwortete ein Bette-Midler-Double und lächelte mich an.

Oh ja, das war es. Ein Wunder. Direkt vor unserer Nase. Wir mussten einfach nur hinsehen und durften uns freuen. Ist das nicht mal ein guter Deal?!

In der ZEIT gibt es jede Woche die Kategorie »Was mein Leben reicher macht«. Leser erzählen darin, welche Erlebnisse sie in der letzten Zeit glücklich gemacht haben. Mir ist schon klar, dass die Redaktion nicht Beiträge à la »Ich bin mit meinem Lambo mit 250 Sachen über die Autobahn gekachelt« auswählen würde, aber was mir auffällt: Oft sind es die kleinen Dinge, die ein Leben reicher machen. Ein Baum, der nach mehreren Jahren plötzlich wieder blüht. Ein Glühwürmchen im nächtlichen Garten. Oder der Straßenmusiker, der durch Zufall das Lied spielt, das an den Lieblingsonkel erinnert. Man muss ja nicht gleich in amerikanische Überschwänglichkeit verfallen, aber ein bisschen mehr »Oh-ja« als »Ah-ja« würde ich uns allen wünschen.

Auf dem Rückweg zu den Fahrrädern wollten wir übrigens das gerettete Lamm noch suchen. Foto machen für die Lokalzeitung, *Shake hands*, Dankesrede, das sollte doch wohl möglich sein. Und tatsächlich wurden wir fündig: Immer noch patschnass stand es direkt hinter der Schleuse in einer Einbuchtung, riss aber dummerweise wieder panisch die Augen auf, als es uns sah. Retter Axel näherte sich ihm langsam, doch das Lamm rannte mitsamt Mutter und Gefolge im Affentempo weg. Wir Nordfriesen sind eben nicht so gut darin, unsere Gefühle zu zeigen. Noch eine Gemeinsamkeit zwischen Menschen und Schafen.

AUGUST

In Anbetracht des Schweißes

Nordfriesland kann anscheinend nur extrem. Pünktlich zum Frühlingsanfang guckt man sich Expeditionsparkas an, und jetzt ist es so heiß, dass ich ernsthaft wie eine blasse Japanerin mit Schirm herumlaufe. Fast 35 Grad! Und da unsere Jahresdurchschnittstemperatur bei 9,5 Grad (!) liegt, nähern wir uns gefühlt der Sahara. Was heißt gefühlt, wir SIND die Sahara! Die Lokalzeitung vermeldet einen Hitzerekord nach dem anderen, alle Ventilatoren sind ausverkauft, und am Deich ist der schwarze Teer so heiß, dass Lahme wieder sprinten können. Kurz: Der Juli war angenehm.

Ich glaube nicht, dass der August hier schon mal so heiß war. Ich kann mich zwar noch genau an das Gefühl aus der Kindheit erinnern, wenn man am Ende der Sommerferien wieder eine lange Hose anziehen musste. Wie komisch es war, dass die Beine keine frische Luft mehr spürten! Es muss also sehr lange Kurze-Hosen-Wetter-Spannen gegeben haben. Aber dass ich damals mal meinen Kopf in den Kühlschrank gehalten hätte, ist mir nicht bekannt (vor ein paar Tagen geschehen).

Die letzten vier Wochen sind flirrend an mir vorbeigezogen wie eine Fata Morgana in der Wüste. Aber bitte, ich versuche mit letzter Kraft zu rekapitulieren, was alles passiert ist. Warten Sie, ich muss nur kurz den Schweiß aus den Augen wischen, sonst sehe ich die Tastatur nicht.

Jetzt aber:

Ich habe mich so über Lämmchen gestellt, dass er etwas Schatten hatte (bilde mir ein, dass er einen Hauch weniger geschnauft hat).

Ich habe versucht, Lämmchen runter zu den Bäumen zu locken, damit er im Schatten liegt und ich nicht mehr über ihm stehen muss. (Hat er nicht verstanden. Da sind nur 30 Meter Luftlinie von ihm herrliche Eichen, zwischen denen immer eine leichte Brise weht. Doch was macht Lämmchen? Presst sich unbequem an den Stacheldrahtzaun in der prallen Sonne und schnauft um sein Leben. Vielleicht ist er doch nicht der Hellste.)

Zusammen mit meiner Mutter habe ich die Schafe mit Wasser aus ihrer Sprühflasche vom Bügeln erfrischt. Ehrlicherweise haben sie etwas doof geguckt, konnten sie gar nichts mit anfangen. Partyboy wollte lieber an den Sandalen meiner Mutter knabbern und Heidi Klum wollte gestreichelt werden.

Viermal *brain freeze* bekommen. (Wenn ich zu schnell Eis esse, bekomme ich immer Kopfschmerzen. Obwohl ich es weiß, schlinge ich jedes Mal erneut, als gäbe es kein Morgen. Vielleicht bin ich auch nicht die Hellste.)

Schlimmen Unfall mit Selbstbräuner gehabt. (Acht Monate in langer Unterhose aus Merinowolle fordern ihren Tribut.

So weiß waren meine Beine noch nie. Camembert! Und da ich aber zumindest im Hochsommer so aussehen wollte wie die Sylter das ganze Jahr (knackebraun!), wollte ich dem Ganzen ein wenig mit Chemie nachhelfen. Nun, Streifenhörnchen möchte nicht darüber sprechen …)

Beim Versuch, den Strandkorb irgendwie in den Schatten zu drehen, die Knie aufgestoßen.

Touristen aus Baden-Württemberg erklärt, warum kein Wasser da ist. (Habe schlaumeierisch aufgetrumpft. Na, wir haben doch Ebbe und Flut an der Nordsee! Gezeiten! Hochwasser! Niedrigwasser! Watt! Tidenkalender! Klingelt da was?! Als sie noch wissen wollten, wie Ebbe und Flut denn überhaupt zustande kommen, klein mit Hut gewesen.)

Nach einem Ausflug nach St. Peter-Ording noch Tage später überall Sand gefunden. Sogar im Portemonnaie, das nur im Auto lag. Eindeutig Team Gras-Strand.

Die App »Windfinder« permanent aktualisiert. Wann kommt endlich mal ein Lüftchen???

Unmengen von Meerbildern an Berliner Freunde geschickt.

Sehr oft gedacht: Doch, ist schon schön hier.

Leider gab es auch ein sehr trauriges Ereignis. Am Deich auf dem Weg nach St. Peter-Ording ist ein Mutterschaf gestorben. Nur 100 Meter von der Tränke entfernt, lag es mit offenen starren Augen auf der Seite und ein Lamm stand verloren daneben. Mehrere Touristen hielten an. Betretenes Schweigen. In der Sprachlosigkeit mit völlig Fremden vereint gewesen.

SEPTEMBER

Nils und Peter

5. September

Manchmal liegen Tod und Leben, Abschied und Ankunft, Trauer und Freude nah beieinander. Genau wie in diesen Tagen.

Jeden Moment kann der neue Bock kommen, der die ganze Herde beglücken soll, damit nächstes Jahr im Frühling wieder Lämmer das Licht der Welt erblicken. Kristina hat ihn bei einem Nachbarbauern gekauft und auf den Namen »Nils« getauft. Wir sind schon soooo gespannt auf ihn. Ich meine, er bestimmt ja – zumindest zur Hälfte – mit, wie die neuen Lämmer drauf sein werden. Motto: Die Mütter sind top, hoffentlich wird der Vater kein Idiot. Fast ist es so, als würde man bald den neuen Freund der besten Freundin kennenlernen, von dem klar ist, dass er mit ihr eine Großfamilie gründen wird. Da will man doch auch, dass der nett, lustig, schlau, gesellig, unterhaltsam und einigermaßen ansehnlich ist. (Wenn Nils wüsste, wie viel Druck auf ihm lastet!)

Auf den anderen Höfen wird der Bock übrigens anders ausgewählt. Jedes Jahr findet in der Husumer Messehalle über mehrere Tage der »Husumer Schafmarkt« statt, die größte Schafbockauktion Deutschlands. Morgens werden die Böcke von einer Körkommission prämiert, und nachmittags kommen sie unter den Hammer. Je höher dabei die Prämierung ausfällt, desto größer ist der Erlös. Der sogenannte Rassesieger wechselt meist für über 1000 Euro den Besitzer. Aus dem ganzen Land reisen Züchter an, um die potentesten und stattlichsten Böcke unter die Lupe zu nehmen und für ihre Herde zu kaufen. Deutschland sucht den Superbock.

Die Kriterien, nach denen die Böcke bewertet werden, weichen höchstens minimal von unseren ab. Auch hier geht es darum, dass sie nett, lustig … ach nee, nicht ganz.

Was macht also einen Bock zum High-Performer aka guten Vater? Die Wolle muss eine hohe Qualität haben, damit die Nachkommen das ganze Jahr über unbeschadet im Freien laufen können. Außerdem kommt es auf Körperbau, Gebiss und Hoden an (ich verkneife mir an dieser Stelle den schlechten Gag: Alles wie beim Menschen, hihi). Aber vor allem sind Dinge entscheidend, die jede noch so kleine Romantik allein mit ihren sperrigen Ausdrücken direkt im Keim ersticken: Muskeldicke, Fettauflage, Fleischigkeit, Futterverwertung, Zunahme pro Gramm. Wenn all das stimmt, »liefert der Bock beste Schlachtkörper«, wie es im Fachjargon heißt.

Stelle mir vor, wie Lämmchen in die Messehalle geführt wird und der Auktionator durchs Megafon ruft: »Meine Damen und Herren, begrüßen wir jetzt Lämmchen. Er hat ein Herz aus Gold, ist aber sehr verfressen. Er kuschelt für sein Leben gern und kann am besten schlafen, wenn er auf dem Schoß eines Menschen liegt. Er ist nicht anspruchsvoll, aber über eine regelmäßige Rückenmassage freut er sich sehr, am liebsten links von der Lendenwirbelsäule. Mit anderen Schafen versteht er sich ausgezeichnet, und er hat sowohl für Vier- als auch Zweibeiner immer ein offenes Ohr. Ihre Angebote bitte jetzt!« Wenn ich irgendwann doch noch mal eine Schafzucht gründe (nicht mit Lämmchen an der Spitze, der kann ja nicht mehr, Gott vergelt's), dann werde ich auf jeden Fall genau solche Bewertungskriterien einführen. Und der Netteste, Verschmusteste, Lustigste und Loyalste wird zum Rassesieger gekürt! Nix da mit Fleischigkeit und Fettauflage.

Während also der Kreislauf des Lebens weitergeht und bald neue Böcke auf dem Deich auf Brautschau gehen, werden landauf, landab all jene Lämmer aussortiert, die zum Schlachthof kommen. Überall entstehen Höcker, wie in Nordfriesland eingezäunte kleine Ausläufe heißen. Hier grasen die jungen Böcke für ein paar Wochen fernab ihrer Mütter – eine kleine Sicherheitsmaßnahme, weil einige von ihnen oft schon ziemlich frühreif sind. Bis sie schließlich abgeholt werden und dahin kommen, wo wir es nicht möchten.

Auch Bruder, Partyboy, Heidi Klum, Saul Junior und all die anderen männlichen Lämmer, die uns ans Herz gewachsen sind, wurden aussortiert und laufen nun auf einer eigenen Koppel. Lämmchen konnten wir zwar retten, aber die anderen wird es treffen, auch wenn ich das bisher irgendwie tapfer verdränge. Wenn ich Lämmchen besuche, gehe ich jetzt immer einen Umweg, um nicht an unserer Clique vorbeizukommen. Als es einmal nicht anders ging, habe ich die Augen zugemacht und bin etliche Meter blind gelaufen. Auch wenn man sagt, dass man im Leben nicht die Augen vor schmerzhaften Dingen verschließen darf, ist es in diesem Fall eine sehr brauchbare Option gewesen, wie ich finde. Lieber gegen irgendetwas gegenlaufen und sich eine

Beule holen, als das Herz irreparabel zu beschädigen. Das gilt nicht nur für Schafe. Man muss nicht immer die Zähne zusammenbeißen und sich die volle Breitseite geben. Im Leben muss man nicht immer irgendwo durch. Nö, man kann auch mal sagen: Das tut mir jetzt nicht gut, ich mache dann mal die Augen zu!

So ganz geheuer ist mir die Konstruktion aber nicht, dass Lämmchen nur ein paar Meter weit von den Aussortierten entfernt grast. Habe Sorge, dass er unbedingt zu seinen Kumpels will und eines Tages einfach über den Zaun springt und aus Versehen mit abtransportiert wird. Doch wahrscheinlich ist seine Faulheit sein Lebensretter. Denn der Zaun dürfte nur wenige Zentimeter hoch sein, damit Lämmchen sich darüber bequemen würde. Ob er überhaupt weiß, welches Schicksal ihm erspart worden ist, wage ich zu bezweifeln. Aber wenn ich ihm leise ins Ohr flüstere, dass er jetzt nichts mehr zu befürchten hat und weiterleben darf, wackelt er so schnell mit dem Schwanz, als hätte er es verstanden. Es ist schon ein tolles Gefühl, jemandem das Leben gerettet zu haben. Und sei es nur ein Schaf. Aber was heißt hier »nur«?!

Trotzdem bin ich unglaublich traurig in diesen Tagen.

Ich weiß, dass wir immerhin einen gerettet haben. Dass die anderen das schönste Zuhause hatten, das man sich als Lamm nur vorstellen kann. Dass sie bis zuletzt voller Liebe und Respekt behandelt wurden. Und dass genau so eine artgerechte, bewusste und nachhaltige Tierhaltung aussehen soll. Wenn der Mensch Fleisch essen möchte, sollte es genauso laufen. Besser und dem Tier anständiger gegenüber geht es nicht.

Und trotzdem bleibt ein Trotzdem. Ein riesengroßer Kloß im Hals.

Ich habe zum Beispiel auch nie Menschen verstanden, die um jemanden weniger trauern oder anderen die Trauer absprechen, wenn der Verstorbene krank oder alt oder beides war.

»Sie war aber auch schon alt« oder »sie war aber auch lange krank« fügen sie als Erklärung an, als würde der Verlust dadurch wesentlich kleiner. Ach so, ja dann, verständlich. Klar, die Alten sterben ja eh irgendwann und die Kranken ja auch. Dann ist das halt so.

Ernsthaft? Ob alt, krank, Haustier, Lämmer. Die Lücke, die sie hinterlassen, ist groß. Und auch wenn man etwas rational versteht, kann man trotzdem trauern.

9. September

Wir sind für ein paar Tage in Berlin. Axel hat ein paar Business-Termine und ich einen Arzt-Termin. Ein wenig Ablenkung von der Tatsache, dass die Lämmer bald abgeholt werden, tut gut. Das ist alles so surreal, ich kann mir mein Leben gar nicht mehr ohne sie vorstellen.

Nach neun Monaten am Deich rauscht Berlin über mich hinweg wie ein Tornado. Es ist die totale Reizüberflutung, und schon nach wenigen Stunden in der Hauptstadt möchten meine Synapsen wieder in die Wallapampa. Die vielen Menschen, der Lärm, das Durcheinander an Stimmen, Geräuschen, Körper, die sich aneinander vorbeischieben.

Wenn ich zurück in Husum bin, muss ich mir unbedingt den Film *Crocodile Dundee* mal wieder ansehen. Weiß noch genau, wie ich mich als Kind darüber beömmelt habe, dass der Hauptdarsteller jahrelang im Busch gelebt hat und dann in New York nicht wusste, wie man Rolltreppe fährt. Jetzt denke ich: Könnte ich sein!

Ohne Witz: Berlin kommt mir vor wie eine einzige Parallelwelt. Die Gesprächsthemen, die Kleidung, die vielen neuen Läden und Cafés. Ich scheine aus allem komplett raus zu sein. Während alle Dr. Martens tragen (wo kommt dieses Revival plötzlich her?), jeder nur noch Naturwein trinkt, Darmsanierung und richtiges Gendern anscheinend große Themen sind und man sich darüber freut, endlich einen Termin beim Friseur von Lena Meyer-Landrut ergattert zu haben, laufe ich herum wie Falschgeld. Mein praktischer Anorak ist irgendwie fehl am Platz und meine Gedanken schwanken zwischen »Eure Sorgen möchte ich haben« und »Hoffentlich hat Lämmchen bald keinen Durchfall mehr«. Merkwürdig, wie schnell man sich entwurzelt fühlen kann. Und wie schnell sich die Perspektiven ändern. Vor noch ein paar Monaten hätten das exakt meine Themen sein können. Und nun kommt mir das alles so unbedeutend vor, dass ich mich nicht entscheiden kann: Bin ich neidisch, dass ich nicht mehr das Privileg der herrlich kleinen Probleme habe, oder bin ich irgendwie auch befreit, weil es kaum noch Dinge gibt, über die ich mich wirklich ärgere. Neulich wurde ich geblitzt. Schön mit 120 durch eine 80er-Zone gerauscht. Ich werde 200 Euro Bußgeld zahlen müssen, und wenn ich Pech habe, ist der Führerschein für mindestens einen Monat weg. Früher hätte ich mich furchtbar darüber aufgeregt. Jetzt denke ich nur: »Gibt Schlimmeres!«

Aber immerhin meine Haare genießen trotz des Gefühlschaos die Berliner Luft. Ich trage, man glaubt es nicht, keine Mütze! Es ist tatsächlich so windstill und mild, dass ich mir in einem völlig enthemmten Moment am Kollwitzplatz das Ding vom Kopf nehme. Und siehe da: Ich friere nicht. Was für ein Lebensgefühl.

Abends kommt eine WhatsApp von meiner Mutter. »Ich glaube, das ist der neue Bock. Nils?«, schreibt sie. Das Foto, das sie dazu schickt, zeigt einen sehr, sehr kleinen Bock (sieht eher aus wie ein Lamm) mit strubbeliger Wolle und einem komischen, unförmigen Kopf. Er frisst gerade, schielt aber aus den Augenwinkeln verschlagen, nahezu fies in die Kamera. Das ist Nils??? Oh je. Ich ermahne mich schnell, nicht so oberflächlich zu sein. Vielleicht täuscht ja der erste Eindruck und Nils ist ein total dufter, sympathischer Typ! Aber dass er so viel kleiner als die Mutterschafe ist, ist schon arg ... *Ommm*, die inneren Werte zählen.

11. September

Zehn Minuten beim Arzt gewesen und damit genau 1 Minute und 48 Sekunden über dem hiesigen Durchschnitt. Yeah! Zum Glück ist mein Kopf halbwegs-einigermaßen-geht-so wiederhergestellt, aber wenn man ein ernsthaftes Problem hat, hilft eigentlich nur noch Beten. Wir haben eins der teuersten Gesundheitssysteme weltweit, und trotzdem ist es so überlastet, das oftmals das unter den Tisch fällt, was eigentlich am wichtigsten ist: ein ausführliches Gespräch zwischen Arzt und Patient. Ich erinnere mich (leider) noch gut an die ersten drei Monate nach meiner Erkrankung. Wie oft habe ich geweint, nachdem ich aus der Arztpraxis kam. So voller Erwartungen und Hoffnungen reingegangen und resigniert wieder rausgekommen. Was will man auch schon erwarten in 7 Minuten und 12 Sekunden?

Ach ja, für alle, die es interessiert: In Schweden haben die Ärzte im Schnitt 22,5 Minuten Zeit für ihre Patienten (weltweiter Spitzenreiter) und in Bangladesch, festhalten, 48 Sekunden.

Ich habe die Zeit gestoppt. Alleine der Satz »Guten Tag, Herr Doktor. Das freut mich ja, dass ich einen Termin bekommen habe. Ich bin Anne Hansen und komme auf Empfehlung von einer Bekannten, die Sie mir wärmstens ans Herz gelegt hat. Soll ich mal anfangen und erzählen, was mich alles hierher führt?« nimmt 16 Sekunden in Anspruch. Bleiben noch 32 Sekunden für … ach, lassen wir das. Die armen Bangladeschis!

15. September

Wieder zu Hause und direkt eine Erkältung eingefangen. Nach meinem Oben-ohne-Ausflug in Berlin dachte ich, dass es auch in Nordfriesland möglich sein muss, bei

14 Grad ohne Mütze vom Parkplatz zu Lämmchen zu laufen. Es ist keine weite Strecke, ich würde Lämmchen ohnehin nur einen kurzen Besuch abstatten und wäre alles in allem in maximal 45 Minuten wieder zurück im warmen Auto. Obwohl ich schon direkt nach dem Aussteigen merkte, dass hier buchstäblich ein anderer Wind weht, wollte ich es mir unbedingt beweisen. Außerdem, so redete ich mir ein, ist es wahrscheinlich nur eine Frage der Willenskraft. Es gibt doch immer diese Bilder, wie Menschen sich in Trance versetzen und dann unbeschadet barfuß über brennende Kohlen laufen. Tschakka-Tschakka-meditierend stapfte ich also tapfer mit flatterndem Haar Richtung Lämmchen. Das hier wird mein Feuerlauf!

Leider hielt der nordfriesische Wind anscheinend gar nichts von dem Konzept, dass man kraft seiner Gedanken äußerliche Gegebenheiten beeinflussen kann. *Wat für'n Tüddelkram.* Schon abends saß ich mit Wärmflasche und zwei Wolldecken auf dem Sofa. Am nächsten Tag lag ich richtig flach. Nie wieder ohne meine Mütze!

Die *Reunion* mit Lämmchen war dafür aber herzallerliebst. Er schlief gerade, als ich durchgefroren am Deich ankam. Normalerweise hätte ich ihn schlafen lassen, aber erstens hatte ich ihn ein paar Tage nicht gesehen, und zweitens würde das in Anbetracht meiner kalten Ohren auch so schnell nicht wieder passieren. Da musste er also durch. Ich hockte mich in etwa drei Meter Entfernung vor ihn hin und rief leise »Kuckuck«. Nichts. Musste an meine Freundin A. denken, die ihren schlafenden Hund abends aus dem Körbchen holt, damit sie mit ihm auf dem Sofa kuscheln kann. Finde das völlig nachvollziehbar. »Kuckuck«, rief ich also nun so lange und so laut, bis Lämmchen irgendwann schlaftrunken die Augen aufmachte. Er guckte sich verdattert um (wie ich, wenn ich in der ersten Nacht in einem Hotel aufwache und nicht die geringste Ahnung habe, wo ich bin), doch dann sah er mich und stand auf. Er reckte und streckte sich (das machen Schafe übrigens genau wie Katzen!) und kam auf mich zu. Und dann, als er direkt vor mir stand, sah er mich an. Auf diese besondere Art und Weise, das hatte er schon lange nicht mehr getan. Wir starrten uns an, tief in die Augen, direkt in die Seele, ohne zu blinzeln. Kam mir vor wie Marina Abramović im MoMa.

»Ach Lämmchen«, seufzte ich, als der magische Moment vorbei war und wir wieder im Hier und Jetzt waren. »Was mach ich nur ohne dich?« Hatte schon öfter überlegt, was passiert, wenn wir zurück nach Berlin gehen. Eigentlich war es keine Option, ihn hier zu lassen. Ob er sich wohl auch auf einem Grünstreifen zwischen Tram und Schnellstraße wohlfühlen würde? Oder in unserem Hinterhof? Balkon hätte ich auch noch im Angebot. Kommt Zeit, kommt Wunder.

Nach meiner spirituellen Sitzung mit Lämmchen nahm ich Nils unter die Lupe. Nun, wie sag ich's, ohne dass sich PETA wegen Bockverleumdung einschaltet? Fangen wir mit dem Positiven an: Er ist unerschrocken (gute Voraussetzung für mutige Lämmer später, die sich trauen, Kontakt mit uns Menschen aufzunehmen). Fast direkt neben seinem Ohr fiel das Gatter mit einem großen Knall zu, als sich eine fünfköpfige Gruppe dänischer Fahrradtouristen durchquälte. Doch Nils bewegte sich weder von der Stelle noch schreckte er zusammen. Schussfest, würden Jäger sagen. (Die Dänen hatten übrigens alle eine Mütze auf, sogar die MÄNNER! Und die Dänen stehen nun wirklich nicht im Ruf, besonders zimperlich zu sein.)

Dann: Nils ist sehr zahm und lässt sich streicheln (gute Voraussetzung für potentiell verkuschelte Lämmer später). Doch er kann rein gar nichts damit anfangen. Weder genießt er es noch beäugt er einen misstrauisch. Er läuft einfach weiter und denkt: »*Mensch strecken Hand aus komisch.*« Und ja, ich glaube, exakt diese Worte gehen in exakt dieser Reihenfolge durch seinen Kopf. Wo wir schon beim Thema wären: Nils ist nicht der Hellste, glaube ich. Korrektur: Weiß ich!

Bei Menschen dauert es maximal sieben Sekunden, bis wir die gesamte Komplexität einer Persönlichkeit durchdrungen haben. Nein, das ist natürlich Quatsch. Aber exakt sieben Sekunden braucht es, bis wir uns einen ersten Eindruck von einer Person gemacht und sie in eine Schublade gesteckt haben. Nett, blöd, vertrauenswürdig, lustig, hinterhältig, schlau, gefährlich ... das ganze Programm. Das ist natürlich oft hanebüchen, doch es liegt schlicht in unseren Genen. Wir können gar nicht anders. Unsere Vorfahren in der Urzeit mussten schließlich blitzschnell über Feind oder Freund entscheiden, um ihr Überleben zu sichern.

Zugegeben, bei Nils handelt es sich jetzt offensichtlich nicht um einen Säbelzahntiger, und mein Unterbewusstsein gibt auch schnell Entwarnung. Doch die Sieben-Sekunden-Regel greift auch bei Schafen. Schnell ist mir klar, wie der tickt. Ich lasse mich ja gerne noch vom Gegenteil überzeugen, aber glauben Sie mir: In seinem Oberstübchen ist nicht viel los. Er hat einen leeren Blick und fräst sich irgendwie dumpf über den Deich. Er verzieht nicht einmal eine Miene, wenn man sich direkt vor ihm zum Affen macht. Gleichzeitig versprüht er irgendwie etwas Großspuriges, Selbstgefälliges, Protziges. Und das, obwohl er wirklich nicht viel größer ist als ein Lamm (das Foto meiner Mutter hat nicht getäuscht). Ja, er kommt mir vor wie ein kleiner Gernegroß. Wie Sarkozy, Napoleon und wie sie nicht alle heißen. Auf Plattdeutsch würde man sagen: *Braschbüttel.* So richtig übersetzen kann man das nicht. Vielleicht noch am ehesten mit: Angeber und Aufschneider, aber nicht die hellste Kerze auf der Torte.

Während ich flachlag, habe ich mir übrigens ein paar Wörter überlegt, für die es keine adäquate Übersetzung im Hochdeutschen gibt. Man hat ja sonst nichts zu tun. Und Sie sollen ja schließlich Plattdeutsch-Pros werden! Hier eine kleine Auswahl meiner Lieblingswörter:

Schiddeln: Man läuft irgendwie komisch und penetrant hinter jemandem her, ohne sich bemerkbar zu machen (man versteckt sich aber auch nicht). Man kann auch alleine für sich schiddeln, ohne einen Vordermann. Dann läuft man etwas plan- und ziellos komisch durch die Gegend.

Drömelig: »Verträumt« kommt dem Wort wahrscheinlich am nächsten, allerdings trifft es das nicht, zu positiv-romantisch. »Faul« oder »behäbig« ist hingegen zu hart und wertend. Vielleicht so: Wer drömelig ist, kommt einfach nicht in die Puschen, ist dabei aber sympathisch.

Muksch: Mischung aus mürrisch, eingeschnappt, beleidigt, wortkarg. (Männer und Teenies lassen sich damit oft hervorragend beschreiben.)

Friemelig: Wenn etwas sehr kleinteilig ist und man zum Beispiel einen Faden durch eine Öse ziehen muss.

Und natürlich *Sünde*, hach, mein absolutes Lieblingswort, das kennen Sie ja schon. Wo wir bereits beim Thema sind: Haben Sie Sünde in der Zwischenzeit schon einmal zu jemandem gesagt? Ja? Sehr gut! Wie waren die Reaktionen? Und wenn nicht: Worauf warten Sie?!

19. September

Immer noch leicht schniefend, aber trotzdem zum ersten Mal wieder am Deich gewesen. Als »abgehärtet« würde ich mich noch nicht bezeichnen, und ohne Lämmchen wäre ich auch schön in meinem kuscheligen Bett geblieben. Wobei alle Mühen umsonst waren. Lämmchen hatte nämlich seine Kräusellippe. Sämtliche Annäherungsversuche wurden konsequent wegignoriert.

Dank Kräusellippen-Lämmchen konnte ich aber heute Braschbüttel-Nils länger beobachten. Ich glaube langsam wirklich, dass er Typ »große Klappe und nichts dahinter«

ist. Er stapft wie Graf Koks durch die Herde, scheint aber nicht vorzuhaben, bei den 20 (!) Mutterschafen mal Nägel mit Köpfen zu machen. Ganz ehrlich? Ich glaube, dem geht der Arsch auf Grundeis.

Mich würde auch mal interessieren, was er über Lämmchen denkt. Ich meine, Lämmchen ist ja neben ihm das einzige männliche Schaf, und man könnte doch annehmen, dass so etwas wie ein Hahnenkampf zwischen den beiden ausbrechen könnte, oder gibt es gar keine Rivalität unter Böcken? Das Internet sagt: Doch, die gibt es! Normalerweise wird die Rangordnung durch Kopfstöße und »Schiebekämpfe« ausgetragen, aber Nils macht keine Anstalten, Lämmchen auch nur im Ansatz einmal anzurangeln. Anscheinend wirkt die Kastration. Auch die Mutterschafe sehen Lämmchen nicht als potentiellen Sexualpartner an, sondern einfach als platonischen Freund, der fester Teil der Wohngemeinschaft ist. Und auch Lämmchen zeigt kein erotisches Interesse an ihnen. Meine feste These ist ja, dass er von Anfang an gar nicht wusste, dass er ein Bock ist. Er ist noch immer so ruhig und verschmust wie schon in den ersten Lebenswochen. Wenn es nach den Berichten gegangen wäre, die ich über Böcke gelesen hatte, müsste er spätestens jetzt so wild sein, dass man sich ihm nur bewaffnet nähern kann. Was mal wieder zeigt: Glaub nicht alles, was du liest.

Glaub nicht alles, was du liest.

Mit seiner Mutter hat Lämmchen sich übrigens versöhnt. Er dackelt ihr oft hinterher, und sie wirkt zunehmend genervt, weil sie ihn nicht loswird. Lämmchen ist jetzt ein Italiener, der mit 30 noch zu Hause wohnt.

21. September

Nils' Selbstbewusstsein ist wirklich bewundernswert. Ich meine, er muss doch auch wissen, dass er halb so groß ist wie seine Zukünftigen und ihnen in jeglicher Hinsicht gar nicht das Wasser reichen kann. Aber im Gegenteil: Er hält sich für den Tollsten. Nils ist die nordfriesische Antwort auf Kanye West.

Komischerweise kommt er bei den Mutterschafen – zumindest platonisch – total gut an. Heute lag er wie selbstverständlich neben Saul (!). Die beiden dösten so vor sich hin, und sie schien seine Anwesenheit zu schätzen.

»Ihr seid doch überhaupt nicht auf Augenhöhe«, sagte ich zu ihr und zeigte auf Nils, der auf seine bräsige Art das Gras vor sich wegmampfte. »Merkst du nicht, dass er nicht sonderlich helle und ein ziemlicher Aufschneider ist?« Doch Saul schien unbeeindruckt. Sie guckte mich nur trotzig an und streckte demonstrativ entspannt alle viere von sich. »*Ich finde den nett, mach ihn mir nicht madig.*« (Wenn es um Männer geht, sterben anscheinend auch bei den schlausten Schafen die Gehirnzellen ab.)

Neben Nils wühlt uns noch ein weiterer Neuzugang am Deich auf. Achtung, Tierwechsel: Es ist Peter, der neue Bulle.

Auf der Nachbarweide von Lämmchen gibt es nämlich eine Herde von Kühen, die wir immer aus den Augenwinkeln mitbeobachten, wenn wir bei den Schafen sind. Heinz Sielmann (»Er konnte sich an jeder Kohlmeise freuen«) wäre stolz auf uns!

Richtig viel wissen wir natürlich nicht über die Kühe, aber es ist erstaunlich, wie sich unser Blick hier, und ja, vielleicht auch wir uns hier oben verändert haben. Plötzlich steht man lange an einer Koppel und führt Gespräche wie diese:

»Wenn du dir eine Kuh aussuchen könntest, welche würdest du nehmen?«
»Ich glaube, die da hinten rechts. Die braune am Zaun.«
»Echt? Ich würde ja die weiß-braune hier vorne nehmen.«
»Stimmt, die sieht richtig elegant aus.«
»Aber sie weiß auch, dass sie gut aussieht. Vielleicht ist die da hinten doch netter.«
»Könnte sein, ich mag auch ihre Augen.«
Langsam kommt es mir vor wie das Amazon-Prinzip: Wenn Ihnen Schafe gefallen, könnten Sie auch Vögel und Kühe interessieren.

Vor ein paar Tagen kam also der neue Bulle an. Er wurde so ausgewählt, dass er möglichst ruhig und für den Bauern bei der täglichen Arbeit gut händelbar ist. Bullen können nämlich sehr aggressiv sein. Es gibt sogar Berichte, in denen Bauern von Bullen attackiert und an der Stallwand zerquetscht wurden. Laut Statistik ereignen sich die meisten Unfälle in der Tierhaltung bei der Arbeit mit Rindern.

Sagen wir mal so: Mit Peter ist der Bauer etwas übers Ziel »Hauptsache, lieb« hinausgeschossen. Denn Peter ist ein

Bulle, gefangen im Körper eines hoffnungslosen Romantikers. Die Kühe lieben ihn und er liebt die Kühe. In Zeitlupe geht er andächtig über die Wiese, um eine nach der anderen abzuschlecken und zu liebkosen. Aber nicht in dem Sinne: »Hui, das wird das Vorspiel sein, gleich geht die Post ab«, sondern eher im Sinne: »Das war's schon wieder, mehr kommt nicht.« Ich glaube, er ist an allem interessiert, nur nicht an dem einen.

Wir haben ihn sowieso noch nie irgendetwas machen sehen, was ein normaler Bulle so macht. Zugegebenermaßen habe ich mich vorher noch nie mit Bullen beschäftigt, aber laufen die nicht mal etwas stürmischer umher, oder schnauben sie vielleicht? Es würde ja auch schon reichen, wenn sein Testosteron mal mit ihm durchginge und er mit dem Fuß aufstampfte. Aber nichts da. Peter ist – höhö – lammfromm. Eigentlich müsste er auf der Weide nebenan stehen.

Dass Peter überhaupt die Kühe hier und jetzt im »Natursprung« (so heißt das wirklich!) beglücken soll, ist übrigens alles andere als normal. Denn die meisten Kühe in Deutschland (etwa 90 Prozent, auch auf Bio-Höfen!) werden heutzutage künstlich besamt, wie ich gelesen habe. Bulle und Kuh laufen sich dabei nie über den Weg. Ich habe mir einen ganzen Film über dieses Verfahren angesehen, damit Sie es nicht müssen. Ich erspare Ihnen die Details, aber mit Romantik oder auch nur im Ansatz der Natur hat es nichts mehr zu tun. Stattdessen gibt es »Besamungsstationen«, »Absamungstage« und Apps, die das optimale Sperma für die jeweilige Kuh berechnen. Weniger Natur geht nicht.

Der »Natursprung« ist dagegen viel schöner, finde ich. Kuh und Bulle sind den ganzen Tag zusammen und können sich in aller Ruhe kennenlernen. Sie können auf den richtigen Moment warten. Den richtigen Ort finden. Und dann Liebe machen. Hach. Wenn der Bulle nicht Peter heißt ...

Weil das Wetter heute so herrlich war (fast *Indian Summer*, fast ohne Wind!), haben wir ein ausgiebiges Picknick mit anschließender Kaffeepause am Deich gemacht. So konnten wir Peter also über mehrere Stunden ungestört beobachten. Das Protokoll einer *amour fou* ... oder wie nennt man das Gegenteil?

13:00 Uhr: Peter liegt neben einer schwarzen Kuh
13:30 Uhr: Peter liegt neben einer braunen Kuh
13:55 Uhr: Peter schleckt das Gesicht einer anderen braunen Kuh ab
14:50 Uhr: Peter steht alleine in der Mitte der Weide und guckt in den Himmel
15:20 Uhr: Peter hat die Augen geschlossen und wird von einer schwarzen Kuh abgeschleckt (Liebe ist keine Einbahnstraße!)
16:05 Uhr: Peter liegt alleine am Zaun
16:20 Uhr: Peter liegt neben einer weißen Kuh

Wenn man es genau nimmt, liegt er fast noch mehr als Lämmchen. Ich glaube, er weiß gar nicht, was seine Aufgabe hier ist. »*Natursprung? Nie gehört!*«

23. September

Grundgütiger. Wir haben *es* gesehen. Wir waren dabei. Nur einen Meter entfernt. Ich laufe immer noch rot an, wenn ich darüber nachdenke.

Nein, Peter hat uns nicht die Schamesröte ins Gesicht getrieben. Da kommt auch nichts mehr, befürchte ich. Peter liegt nach wie vor so viel, dass er bald Blutverdünner braucht.

Seit heute aber wissen wir, wie Lämmer gezeugt werden.

Wir waren am Deich spazieren, irgendwo im nordfriesischen Nirgendwo auf der Halbinsel Eiderstedt. Kurz zuvor musste eine ganze Fuhre an Böcken auf den Deich gelassen worden sein, und wir waren mittendrin im Geschehen. Anscheinend schickt man bei großen Herden gleich mehrere Böcke ins Rennen, um auf Nummer sicher zu gehen, dass fünf Monate später auch tatsächlich neue Lämmer auf die Welt kommen.

Ich will Nils wirklich nicht weiter schlecht machen, und angesichts dieser Truppe, die da vor uns stand, entwickelte ich fast mütterliche Gefühle für ihn. Denn diese Böcke waren, nun, aus anderem Holz geschnitzt. Während ich mit offenem Mund auf den Deich starrte, musste ich an Pumper aus dem Fitnessstudio denken. Protein-Shakes. Rohe Eier zum Frühstück. Vor dem Spiegel posen. Dicke Autos. Vor lauter Muskeln breitbeinig gehen.

Übertragen Sie das jetzt bitte auf Schafe. Dann haben Sie die Protagonisten des Naturschauspiels, das sich uns bot. Die Böcke waren nicht nur unglaublich groß und an den Hinterbeinen bemuskelt, sondern hatten einen irre langen

Oberkörper, der die Grenzen der Evolution zu sprengen schien. Manche wirkten noch sehr jung. Sie sahen aus wie Zuchtmaschinen aus dem Bilderbuch und standen voll im Saft. Ein paar aber waren deutlich älter. Mit ihren ausgemergelten Körpern wirkten sie wie alte Bodybuilder, die es mit 80 noch mal wissen wollen. Ich wusste gar nicht, wo ich zuerst und zuletzt hinschauen sollte.

»Guck mal, was da unten baumelt«, sagte ich ungläubig, während mein Blick an einem Hoden so groß wie eine Gießkanne hängen blieb. Man glaubt es nicht, wenn man es nicht gesehen hat.

»Irre«, sagte Axel tonlos.

Wir starrten weiter und schwiegen.

Direkt vor unserer Nase, maximal drei Meter entfernt, sahen wir, was man wohl »Balz« nennt. Die Schafe urinierten, und die Böcke schnupperten daran. Genüsslich zogen sie den Geruch durch ihre Nase. Manche Böcke stupsten die Schafe mit ihren Vorderbeinen an, während andere sich den Schafen immer wieder lustvoll von hinten näherten.

»Schon ein bisschen peinlich, dass wir hier so stehen, oder?«, fragte ich betreten. Langsam fühlte ich mich, als würde ich heimlich im Swingerclub durchs Schlüsselloch gucken.

»Ach, denen macht es doch gar nichts aus«, wiegelte Axel ab.

Und tatsächlich: Obwohl wir so nah dran waren, schienen wir Luft für die Schafe zu sein. Dann konnten wir auch hierbleiben. Schließlich wollte ich ja auch mein Schaf-Wissen weiter ausbauen. Unter dem Motto »Alles für die

Forschung« starrte ich also beruflich weiter und wurde nach nur wenigen Minuten belohnt. Wobei der reine Akt wirklich unspektakulär ist. Der Bock springt auf, pfeilschnell schießt eine Art Mini-Harpune aus seinem Bauch, und nach wenigen Sekunden ist alles vorbei. Was aber verblüffend war: Während die alten Böcke sich zwar ordentlich ins Zeug legten, kassierten sie einen Korb nach dem anderen. Dagegen standen die Schafe bei einem besonders hübschen Exemplar Schlange! Wir trauten unseren Augen nicht. Aber wie ordentliche Briten an einer Bushaltestelle reihten sie sich hintereinander auf, um nacheinander von dem Schönling beglückt zu werden.

Neben meinem bahnbrechenden Befund, dass Schafe in Dutt schießen, möchte ich bitte noch aufnehmen: Schafe sind bei der Wahl ihrer Sexualpartner wählerisch.

Übrigens, ich habe gelesen, dass Zwillingslämmer zwei unterschiedliche Väter haben können. Das ist wohl einmalig im Tierreich. Brauchen Sie noch einen weiteren Beweis? Schafe sind die unterschätztesten Tiere der Welt!

24. September

Mich lässt das Thema Peter nicht los, also wähle ich beherzt die Nummer des schleswig-holsteinischen Fleischrinder-Zuchtverbandes. Als Journalistin hat man wenig Hemmungen, Leute zu Fachthemen auszuquetschen. Heute: Natursprung (und Peter, der nicht in die Pötte kommt). Walter Reulecke meldet sich am anderen Ende der Leitung, und es scheint, als habe er nur auf einen Anruf gewartet. Denn als ich ihm erzähle, dass ich mich gerne über künstliche Befruchtung bei Kühen informieren möchte, weil ich entsetzt bin, dass dies heutzutage der Standard sei, seufzt er in den Hörer. Dann lange Stille. »Ich glaube, wir müssen ganz von vorne anfangen.« Es folgt: Rinderzucht-Ausbildung und tierethisches Proseminar im Schnelldurchlauf.

Es gibt in Deutschland wesentlich mehr Milchkühe als Fleischrinder. Und da sich kleine Betriebe nicht mehr lohnen, stehen oft mehr als 500 Kühe in einem Stall. In diesen riesigen Melkanlagen ist alles automatisiert – und ein Bulle wäre der Elefant im Porzellanladen.

»Der ganze Betrieb ist darauf ausgelegt, dass alles synchronisiert ist. Bei einem Bullen wüsste man ja nie, wen der schon gedeckt hat«, sagt Walter Reulecke. »Nee, nee, das funktioniert bei diesem System nicht.« Der Bauer dagegen sieht die Brunftsymptome genau und kann dann gezielt das Sperma einsetzen. »Das ist ja viel verlässlicher als so ein Bulle, der womöglich auch noch aggressiv ist und den ganzen Laden stört.«

Bei der Weidekuhhaltung von Fleischrindern ist es genau umgekehrt. Hier mache KB keinen Sinn. (Walter Reulecke spricht die ganze Zeit von »KB« und ich fühle mich unglaublich cool, weil ich das auf Anhieb verstehe und nicht blöd nachfragen muss.)

»Die Zeit, in der die Kuh das Sperma aufnehmen kann, ist manchmal nur zwölf Stunden lang«, sagt Reulecke. »Abends merkst du, dass die Kuh brünftig ist, und dann brauchst du schnell das Sperma. Kannst du natürlich vergessen, wenn dann so ein Besamungstechniker schnell irgendwo zur Koppel fahren muss. Und morgens ist es dann vielleicht schon zu spät.« Außerdem dauert es, bis man die Kühe zusammengetrieben und in einen Fangstand gebracht hat. »Überhaupt nicht praktikabel. Auf der Weide muss der Fachmann mit dem Nasenring ran.«

Fachmann mit dem Nasenring ... oh Gott, der meint Peter! Überlege an dieser Stelle zu fragen, ob es auch Bullen gibt, die einfach nicht ... nun ... ihrem Facharbeiterruf gerecht werden und gar nicht wissen, um was es geht. Doch Walter Reulecke ist nicht zu bremsen. Längst ist er weiter und spricht davon, warum die Bullen, die für den Natursprung auf der Weide zuständig sind, wesentlich zahmer sind als die für die Milchkühe.

»Als Bauer hast du ja täglichen Kontakt mit den Tieren. Da musst du sie auf Krankheiten testen oder auf der Koppel mal die Brennnesseln mähen. Aggressive Bullen wären viel zu gefährlich. Nur die Netten kommen zu den Damen.« Überlege wieder kurz, ob ich das Gespräch auf Peter lenke. Kann ein Bulle auch ZU nett sein? Aber Reulecke ist schon wieder weiter. Es geht jetzt wieder um KB und die Tatsache, dass es hier vollkommen egal ist, ob der Bulle nett oder böse ist. »Die kriegen einen Unterbullen aus Plastik, springen da drauf, die Flasche wird angesetzt, Sperma kommt, fertig.«

Was ich inzwischen für Gespräche führe, schießt es mir

durch den Kopf, als ich plötzlich eine Gegenfrage von Walter Reulecke höre: »Was finden Sie an der KB denn eigentlich so schlimm?«

»Na ja, es ist schon absurd, wie weit der Mensch in die Natur eingreift, oder? Ich finde es irgendwie traurig, was für ein Leben der Bulle hat«, sage ich.

»Klar, mehr Tierwohl, als den ganzen Tag mit den Kühen auf der Weide zu stehen und rund um die Uhr zu fressen, schlafen und vögeln, gibt es nicht«, antwortet Walter Reulecke, und ich muss an Peter denken, der zwar frisst, schläft, aber nicht … nun, lassen wir das. Bevor ich weiter an den Fachmann mit dem Nasenring denken kann, macht Walter Reulecke weiter: »Aber Sie haben auch einfach eine viel zu menschliche Sicht auf das Thema.«

»Inwiefern?«

»Wir Menschen haben doch auch Sachen, die uns widerstreben. Wir müssen frühmorgens aufstehen oder bei schlechtem Wetter mit dem Rad zur Arbeit fahren. Permanente Glückseligkeit haben wir auf der Erde nicht. Und der Bulle muss nicht hungern, hat keinen Durst, kann sich bewegen und liegt trocken. Das ist in Ordnung.«

»Ja, aber dass die meisten Kühe nie einen Bullen zu Gesicht bekommen, ist schon schräg, oder?«

Walter Reulecke seufzt. Ich glaube, wir kommen an der Stelle nicht zusammen. Will nun auf Peter zu sprechen kommen, doch Walter Reulecke ist jetzt erst so richtig auf Betriebstemperatur gekommen. »Unsere Tierliebe ist schizophren«, sagt er und atmet tief ein. Und dann spricht er sehr viel und sehr schnell. Vielleicht könnte man sagen, dass

Walter Reulecke sich in Rage redet. Und je mehr er sagt, desto mehr denke ich: Recht hat er.

»Nehmen wir das Pferd«, setzt Walter Reulecke an. »Für das Pferd gibt es nichts Schlimmeres, als im Winter den ganzen Tag im Stall zu stehen, und die Pferdefrau kommt für eine halbe Stunde. Die fühlt sich aber gut dabei. Oder wir wollen für unsere Hunde das beste Futter, und wie das Futter hergestellt wird, ist uns egal. Es gibt eine große Diskrepanz zwischen Tieren, die wir vergöttern, und Tieren, zu denen wir keinen Bezug haben. Die Mortadella hat ein Teddybär-Gesicht und das Vermögen von Karl Lagerfeld erbt eine Katze. Eine Katze!

Wir wollen unsere Hunde auf jeden Fall gewaltfrei erziehen, und gleichzeitig leben wir in einer Zeit, in der Schweine auf Plastikspalten stehen und Hühner so genetisch verändert sind, dass sie gar nicht mehr in Lage sind zu stehen. Ist das nicht eine beknackte Welt? Alle wollen vegan leben, und in Afrika stirbt das Vieh, weil es kein Wasser hat, und die Menschen leben in Armut und sind unterernährt. Uns geht es doch gut! Wir haben doch alles, was wir wollen! Warum sind wir nur so unzufrieden? Man sollte sich mal besinnen, wie es anderen Menschen geht. Ja, uns fehlt die Empathie. Unseren Haustieren gegenüber haben wir sie, aber die Tiere, die wir essen, sind uns egal. Wir haben ja auch eine ganz andere Gewichtung heute. Lebensmittel sollen möglichst billig sein, aber für das iPhone 14 geben wir ein Vermögen aus. In unseren Automotor kippen wir das teuerste Hochleistungssynthetiköl für 25 Euro den Liter, und wir selbst nehmen das billige Palmöl für unseren Körper. Man sollte auch viel mehr selber kochen, auch mehr pflanzlich. Viele sind übergewichtig, interessiert niemanden. Ja, vielleicht könnte man sagen: Wir alle sollten einfach bewusster leben – in jeglicher Hinsicht.« Walter Reulecke atmet aus. Und schweigt.

Nach einer gefühlten Ewigkeit finde ich meine Sprache wieder. »Wow, danke für die Einblicke, das wird mich sicher noch lange beschäftigen.«

Walter Reulecke lacht. »Himmel, das war jetzt länger als geplant, aber manche Dinge regen mich nun mal auf. Hat auf jeden Fall Spaß gemacht, mit Ihnen zu sprechen, wobei ich ja mehr geredet habe.« Er lacht wieder. »Hoffentlich konnte ich Ihre Frage zur KB beantworten.« Ich höre, dass er kurz davor ist aufzulegen.

»Stopp«, sage ich schnell. »Eine letzte Frage habe ich noch!«

Jetzt schlägt Peters große Stunde!

Ich erzähle Walter Reulecke, dass ich immer einen Bullen beobachte, der aber keine Anstalten macht, aktiv zu werden. Kann es wirklich passieren, dass nächstes Jahr keine Kälber das Licht der Welt erblicken?

»Das gibt es, ist aber sehr, sehr, sehr selten.«

»Ach herrje.«

»Interessiert er sich denn gar nicht für die Kühe?«

»Doch, er schleckt sie ab. Aber mehr ist da nicht.«

»Und er macht gar keine anderen Anstalten?«

»Nein.«

»Wie groß sind die Hoden?«

Grundgütiger, jetzt muss ich über die Hoden von Peter reden.

»Normal, würde ich sagen«, stottere ich.

Nachdem ich versprochen habe, mir die Hoden von Peter genauer anzusehen (müssen lang und groß sein, sonst könnte die Blutzufuhr abgeklemmt sein), verabschieden wir uns.

Walter Reulecke sagt: »Das wird schon mit Ihrem Bullen.« Und ich habe sehr, sehr viele Themen zum Nachdenken.

27. September

Ich gestehe: Ich kann nur noch an Sex denken. Ich will jetzt endlich den Natursprung von Peter sehen.

28. September

Noch ein Problem: Lämmchen isst viel. Sogar sehr viel. Nicht nur das Gras auf dem Deich (Stichwort Kräusellippe), sondern vor allem, wenn es Heu gibt, entwickelt er ein ungeahntes Tempo. Es ist nicht so, dass er rennt. Er drängelt sich auch nicht dreist vor oder stößt andere Schafe zur Seite. Nein, er macht sich nicht angreifbar. Man muss ihn sich eher wie einen dieser Geher bei Olympia vorstellen. Die Hüfte wackelt wie ein Weltmeister, und als hätte er mit mehreren Trainern an der Technik gefeilt, sind immer drei Hufe gleichzeitig am Boden. Mit einer unglaublichen Schubkraft überholt er alle anderen, selbst die, die ganz vorne stehen. Wie eine Dampfwalze rollt Lämmchen das Feld von hinten auf, das Ziel fest im Blick, noch nie hat man ihn so konzentriert gesehen. Man kann auf jeden Fall die Uhr danach stellen: Er ist immer der Erste am Heu.

Inzwischen hat er schon so zugelegt, dass selbst gestandene Mutterschafe wie Saul zierlich neben ihm wirken. Es ist nur eine Frage der Zeit, bis er der Größte und Dickste am ganzen Deich ist.

Gegen Lämmchens gesunden Appetit wäre ja nichts einzuwenden, wenn er nicht in einem All-inclusive-Hotel wohnen würde (für das *wir* bezahlen!). Und jeder normale Mensch weiß doch, dass es sich einfach nicht gehört, gleich das ganze Buffet zu leeren. Doch Lämmchen scheint »All inclusive« sehr wörtlich zu nehmen. Wir haben ihn genau beobachtet: Wenn er sich am Heu satt gefuttert hat (dauert ewig!), schleicht er zurück zur Tränke. Dort muss er natürlich erst einmal ausgiebig trinken (dauert ewig!). Nach einer ganzen Weile blickt er schließlich gut gesättigt und genährt und rundum glücklich auf und guckt dann auf der Stelle stehend in der Gegend rum. Das dauert mehrere Minuten. Und ich schwöre, man sieht exakt den Moment, in dem er denkt: »*Ich geh noch mal.*«

Das erste Mal, als Lämmchen sich in Bewegung setzte und gemächlich wieder Richtung Heu dackelte, sagte Axel noch ungläubig: »Der wird doch nicht …«

Wenig später, als Lämmchens Kopf komplett im Heuballen verschwunden war, war klar: Doch, er wird. Lämmchen ist ein großer Nachschlag-Fan. Wenn es ums Thema Essen geht, legt er eine Kaltschnäuzigkeit an den Tag, die ich ihm nicht zugetraut hätte.

In einem All-inclusive-Hotel wäre er einer der Gäste, die immer demonstrativ mit ihren Bändchen am Arm in der Luft wackeln und flöten: »*Alles inklu, alles inklu!*«

Es ist uns mittlerweile wirklich unangenehm. Er isst und isst und isst. Kann er sich nicht ein wenig zurücknehmen? Uns zuliebe? Der Bauer hat neulich auch schon angemerkt, dass er »ja een ordentliche Kawenzmann wart«. Wir überspielen das dann immer und lenken schnell vom Thema ab. Lämmchen frisst uns noch die Haare vom Kopf.

29. September

Bei Unausweich-
lichem ist es
besser, sich den
Tatsachen zu
stellen, anstatt
den Druck über-
groß werden zu
lassen.

Bis heute mehr oder weniger erfolgreich verdrängt, dass die Lämmer bald abgeholt werden. *Unsere* Lämmer. Nun flog mir alles um die Ohren. Als hätte ich eine Sektflasche geschüttelt und lange versucht, den Korken mit beiden Händen auf der Flasche zu halten. Bis so viel Druck drauf war, dass ich mich ergeben musste. Sehr viel geweint. Vielleicht ist es bei etwas Unausweichlichem doch besser, sich den Tatsachen zu stellen und den Druck gar nicht erst so groß werden zu lassen. Irgendwann hat man dann zwar auch den Korken in der Hand, aber man ist nicht klitschnass und hat keinen fiesen Abdruck in der Decke.

30. September

Peter bereitet uns ernsthaft Sorgen. Ich meine, er muss ja mal aktiv werden, um am Leben zu bleiben. Aber ich befürchte, er weiß gar nicht, was auf dem Spiel steht. Jedes Mal, wenn wir an ihm vorbeikommen, schleckt er gerade zärtlich das Gesicht einer Kuh ab oder liegt tiefenentspannt im Kreise seines Harems. Er sieht so glücklich aus, so unschuldig, so sanft. Und er hat keinen blassen Schimmer, was von ihm erwartet wird. Der Arme.

Als wir heute am Zaun waren und Peter zumindest einmal neben einer Kuh stand (besser wird's nicht mehr), rief Axel rüber: »Los, Peter, mach es!«

Peter hat daraufhin genüsslich das Innenohr der Kuh mit seiner Zunge bearbeitet. Diese hat den Kopf nach oben gereckt und die Oberlippe hochgezogen. Nach zehn Minuten trennten sich ihre Wege, und sie haben weit weg voneinander friedlich gegrast.

Wenn Sie mich fragen: Das wird nichts mehr. Peter liebkost sich in sein eigenes Grab.

OKTOBER

Ohne Worte

Die Lämmer wurden abgeholt.

Partyboy
Bruder
Old Shatterhand
Mister Sunshine
Saul Junior
Trouble Kid
Heidi Klum

Ich werde euch nie vergessen.

NOVEMBER

Schietwetter und ein Wunder

Der November in Nordfriesland ist hart. Es regnet mehr denn je. Der Wind ist stärker denn je. Der Himmel ist grauer denn je. Es ist ein deprimierendes Feuerwerk der Superlative. Ich beantrage hiermit offiziell, dass New York seinen Leitspruch sofort an Nordfriesland überträgt. *If you can make it here (and now), you'll make it anywhere!*

Die Touristen sind weg, nachdem sie mehrere Monate durch den Kreis gefegt sind wie ein Tornado. Alles geht in den Stand-by-Modus, bis im nächsten Jahr der Wahnsinn von Neuem beginnt. Zurück bleiben die Harten. Die Einheimischen.

Es gibt jetzt eigentlich nur noch zwei Aggregatzustände: draußen sein und sich auf drinnen freuen, drinnen sein und sich freuen, nicht raus zu müssen. Wenn ich's mir recht überlege, müsste man danach permanent gut drauf sein, aber irgendwie geht die Logik nicht auf. Das Wetter schlägt aufs Gemüt – sogar nachweislich. Ein Team der Stanford University hat herausgefunden, dass unsere Stimmung stark vom Wetter abhängt. Dafür analysierten sie sage und schreibe 3,5 Milliarden Tweets und Facebook-Postings, die in den USA zwischen 2006 und 2016 verfasst wurden. Das Ergebnis: Regen, viele Wolken oder auch niedrige Temperaturen führen dazu, dass wir uns nicht nur schlechter fühlen, sondern uns auch negativer ausdrücken. (Kann ich bestätigen! Ich motze hier die ganze Zeit wie Ekel Alfred vor mich hin.) Sinkt das Thermometer unter null, hat das Wetter sogar eine ähnlich schlechte Wirkung auf unseren Gemütszustand wie Terrorangriffe oder Erdbeben. Demnach scheint es sich beim nordfriesischen Himmel um eine tickende Atombombe zu handeln. Die letzten Tage pendelten hier immer um die fünf Grad. Wenn es jetzt noch kälter wird, dann mal Prost Mahlzeit!

Die täglichen Besuche bei Lämmchen heitern nach wie vor auf, aber weil ich nie lange bleiben kann, sind sie nicht wirklich nachhaltig. Leider versteht Lämmchen auch nicht, dass ich mich nicht bei vier Grad und strömendem Regen mit ihm auf den Deich setzen und entspannen möchte. Es ist immer das Gleiche: Nachdem ich ihn etwa fünf Minuten gestreichelt habe, plumpst er wie ein Kamel vor meine Füße. Wenn ich mich dann nicht direkt dazusetze, legt er seinen Kopf in den Nacken (er braucht bald Physio!) und guckt mich fragend an. »*Hallo? Könntest du vielleicht mal ein bisschen gemütlich sein?*« Er ist vollkommen ratlos.

Saul hat diese Szene übrigens öfter aus der Ferne beobachtet, und ich könnte schwören, dass sie mal wieder den vollen Durchblick hat. »*Du Dussel! Es ist doch viel zu kalt für die. Stell dir mal vor, sie setzt sich jetzt hin. Dann hat sie morgen direkt eine Blasenentzündung. Meistens muss man dann ein Antibiotikum nehmen, was die Darmflora zerstört ... Halt, ich schweife ab. Was ich eigentlich sagen will: Ich verstehe ja, dass du jetzt gerne wieder mit ihr da sitzen möchtest. Aber Lämmchen, es sind vier Grad. Vier Grad! Die hat keine Wolle. Denk doch nur ein Mal mit!*«

Kurz: Der November in Nordfriesland ist eine einzige große Prüfung: Wenn du seelisch einigermaßen unbeschadet durchkommst, kann dich nichts mehr schocken. Wobei man eigentlich auch noch den Dezember mit dazu zählen müsste. Und den Januar, und den Februar und – Grundgütiger – der März ist meistens auch noch schlecht. Strenggenommen kann man auch Ostern oft noch abschreiben. Wie viele Bilder gibt es, wie meine Schwester und ich in dicken Wintermänteln im Garten stehen und durchgefroren Ostereier suchen!

Und warum ertragen es alle in so stoischer Gelassenheit?

Im Sommer ist es dann so wunderschön, dass jeder von einer Wetter-Amnesie heimgesucht wird und alle Schmerzen vergessen sind.

Mein November im Schnelldurchlauf

Klitschnass geworden: 7 Mal

Rohe Knoblauchzehen gegessen: 8 (Schwört meine Mutter drauf. Sobald was im Anmarsch ist, wird ohne Rücksicht auf Mitmenschen klein gehackter Knoblauch eingeworfen.)

Strandkorbplane im Affentempo zum Nachbarn geweht: 4 Mal

Ziegelsteine zum Beschweren, um die Strandkorbplane einigermaßen in Schach zu halten: 5

Lichtbrille zur Stimmungsaufhellung gekauft: 1

Pharisäer getrunken: 4

Käsekuchen bei Café Jacqueline geholt: 9

Alte Staffeln *Gilmore Girls* auf Netflix gesehen: 5

Stunden nach den wärmsten Winterstiefeln recherchiert: 6
(Ich hab sie übrigens gefunden, kommen nächste Woche!)
Merino-Shirts gekauft: 2
Häufigster Gedanke: Ich wandere bald aus
Häufigster Satz: Ich wandere bald aus

Vielleicht muss ich erklären, was es mit den Pharisäern auf sich hat? Dies ist das nordfriesische Nationalgetränk und besteht aus Kaffee, Rum und Schlagsahne. Seinen Ursprung hat es auf Nordstrand, einer kleinen Halbinsel vor Husum. Hier amtierte im 19. Jahrhundert Pastor Georg Bleyer, ein Asket vor dem Herrn, und natürlich durfte in seiner Gegenwart kein Alkohol getrunken werden. Als der Bauer Peter Johannsen aber sein siebtes Kind taufen ließ, wollte man sich zur Feier des Tages gerne einen Schluck genehmigen. Also ließen die Schäfchen (höhö) sich etwas einfallen: Sie bereiteten – für sich – einen Kaffee mit Rum und Schlagsahne zu, wobei die Sahne dafür sorgte, dass der Rum im heißen Kaffee nicht verdunstete und es somit auch nicht nach Alkohol roch. Der Pastor (er bekam natürlich eine Variante ohne Rum) bemerkte nichts, wunderte sich nur darüber, dass alle um ihn herum immer lustiger wurden. Dummerweise wurden im Laufe des Abends die Tassen vertauscht, und als Pastor Bleyer den Rum bemerkte, rief er entsetzt aus: »Oh, ihr Pharisäer!« Der Name für das Getränk war geboren.

Noch heute ist der Pharisäer hier in Nordfriesland *das* Getränk. Ob Familienfeiern, Konfirmationen, Geburtstage oder Überlebenstraining im November: Es geht nur mit

Pharisäer. Meine Großeltern hatten früher einen Landgasthof, und nach dem siebten Pharisäer durfte man die Tasse behalten. (Wie viele im Laufe der Jahre den Besitzer wechselten, ist nicht überliefert. Aber wie ich die Nordfriesen kenne, werden es einige gewesen sein.)

Aber es ist in diesem grauen November auch ein kleines Wunder geschehen. An einem Abend brach irgendwie alles über mir zusammen. Mein Kopf tat mal wieder weh, ich vermisste die Lämmer ganz furchtbar und wusste, dass so ein besonderes Jahr mit so besonderen Tieren nie wieder kommen würde. Zu allem Überfluss hatte ich mich mit Axel gestritten, es regnete und stürmte wie in einer Geo-Doku über die unwirtlichsten Gegenden der Welt und ich hatte meinen Lieblingspullover mit Schokolade ruiniert. Sicher geht der Fleck raus, aber in dem Moment war es der Tropfen, der das Fass zum Überlaufen brachte. Je mehr ich daran rieb, desto großflächiger breitete er sich aus. Verschlimmbesserung nennt man das wohl.

Ich stelle mir dieses berühmte Fass übrigens wirklich sinnbildlich vor. Jeder wird ab Werk mit einem Exemplar ausgeliefert – bei einem ist das Fass größer, bei anderen kleiner. Alle kleinen bis großen Probleme kommen da rein und machen es sich gemütlich. Eine Zeitlang verkraftet man es noch ganz gut, steckt es weg, man hat ja noch Platz, immer rein in die gute Stube. Aber irgendwann sind alle Kapazitäten ausgeschöpft, und es braucht sprichwörtlich nur einen Tropfen, um das Fass zum Überlaufen zu bringen. Oder eben ein kleines Stück Schokolade.

Ich brauchte nach alldem dringend frische Luft und bin also abends noch einmal raus zu den Schafen gefahren. Es muss so gegen 17 Uhr gewesen sein, es war schon fast dunkel. Normalerweise würde ich eher nachts alleine über den Berliner Alexanderplatz gehen als abends vom Parkplatz über den Deich zu den Schafen. Es ist zwar nur ein Fußweg von zehn Minuten, aber der hat es in sich. Die Deichkuppe verschwimmt in der Dämmerung, das Meer rauscht im schwarzen Nichts, der Wind heult böig auf – und das in totaler Einsamkeit. Stellen Sie sich einfach eine Szene aus *Notruf Hafenkante* vor, bei der Sie denken: »Na, jetzt sind mit dem Regisseur aber die Pferde durchgegangen, so unheimlich ist es da mit Sicherheit nicht.« EXAKT SO!

Doch in einer trotzigen Jetzt-ist-eh-alles-egal-Stimmung stapfte ich als unerschrockene Jeanne d'Arc schniefend über den Deich. Am Gatter angekommen, flossen aus heiterem Himmel endgültig die Tränen. Weinen in der Öffentlichkeit will man ja um alles in der Welt vermeiden. Und obwohl weit und breit niemand zu sehen war, war es selbst hier komisch.

Das Schaf, das dem Gatter am nächsten stand, war ausgerechnet die übel gelaunte Mutter von Old Shatterhand. Sie graste in etwa fünf Meter Entfernung und guckte kurz misstrauisch auf, als sie mich bemerkte. Man sah es ihr förmlich an. *»Was will die denn jetzt hier?«*

Na toll, ich hatte mir das irgendwie anders vorgestellt. Wäre jetzt nicht mal Payback Time? Lämmchen könnte doch schön als vierbeiniger Seelsorger ans Gatter kommen, ich würde ihn durchkneten, er würde mir tief in die Augen sehen und ich könnte ein wenig leichter zurück nach Hause gehen. Doch von Lämmchen war weit und breit keine Spur. Wahrscheinlich fraß er sich irgendwo in aller Seelenruhe den Bauch voll. Saul konnte ich zwar in der Ferne erkennen, aber sie war so weit weg, dass sie mich nicht einmal wahrnahm.

Mir blieb ausgerechnet die Mutter von Old Shatterhand. Von ihr, die sich nur über ihre Leiche streicheln lassen würde, war wirklich keine moralische Unterstützung zu erwarten. Ich schrieb das Unterfangen schon ab und wollte umdrehen, als ich bemerkte, dass sie immer wieder zu mir guckte. Ich muss einen desolaten Eindruck gemacht habe, denn plötzlich fing sie an, abwechselnd zu mir und den anderen Schafen hinter sich zu sehen. Die registrierten das aber gar nicht, sondern grasten einfach weiter. Irgendwann fiel bei mir der Groschen. Natürlich! Die Mutter von Old Shatterhand erkannte meine Hilflosigkeit und dachte noch, dass der Kelch an ihr vorübergehen würde. Doch sosehr sie sich auch immer wieder umdrehte: Die anderen nahmen keine Notiz von ihren »Könnte-jemand-mal-bitte-zu-der-da-oben-gehen«-Blicken.

Und schließlich geschah das Wunder.

Die Mutter von Old Shatterhand kam auf mich zu, bis sie schließlich so nah am Gatter war, dass ich mit ausgestrecktem Arm ihren Rücken berühren konnte.

»*Nun mach schon*«, schien sie zu brummen.

Ich lehnte mich weit über das Gatter und streichelte sie entlang der Kruppe.

Sie lief nicht weg, drehte allerdings ihren Kopf zerknirscht möglichst weit zur anderen Seite.

»*Einmal und nie wieder.*«

Nach fünf Minuten erklärte sie die Therapiestunde für beendet und rannte in die Dunkelheit.

Ich musste so lachen, dass ich auf der Stelle den größten Lachanfall meines Lebens bekam. Das war auf der Schrägheitsskala so unangenehm wie das öffentliche Weinen. Aber natürlich ungleich schöner.

Was mich auch über den November gerettet hat: Futjes. Diese nordfriesische Spezialität sind kleine in Fett ausgebackene Kugeln, die man in Zucker tunkt. Yup, sie sind so ungesund, wie sie klingen. Und yup, sie sind so lecker, wie sie klingen! Auf Neudeutsch würde man sagen: Mehr »Soulfood« geht nicht.

Im Berliner Exil wollte man mir »Pfannkuchen« als Ersatzdroge andrehen, in Köln versuchten meine Mitmenschen es mit Muzen und Poffertjes. Wenn ich jetzt sage, dass man doch auch Äpfel nicht mit Birnen vergleicht, ist das weit untertrieben. Futjes spielen in einer ganz anderen Liga!

Meine Mutter macht die besten der Welt, und den nordfriesischen November hält man schlichtweg nicht ohne aus. Jedes Wochenende gab es Futjes, an beiden Tagen.

Ich konnte meine Mutter überzeugen, ihr Staatsgeheimnis aka Futjes-Rezept herauszurücken. Et voilà! Wichtig sind nur drei Dinge:

1. Sie dürfen sie AUF GAR KEINEN FALL mit einer Kuchengabel essen (macht Axel immer und treibt meine Mutter damit in den Wahnsinn.) Man MUSS Futjes mit den Fingern essen.

2. Sie dürfen AUF GAR KEINEN FALL darauf verzichten, die süßen Dinger kräftig in Zucker zu tunken (macht Axel auch immer, es ist zum Verzweifeln).

3. Man darf den zusätzlichen Zucker AUF GAR KEINEN FALL am Tisch in einer Schüssel oder Ähnlichem teilen. Jeder muss einen hohen Zuckerberg auf seinem eigenen Teller anhäufen, um dann mit den Fingern (!) die Futjes in kleine Stücke zu reißen und sie mit der weichen Seite (AUF GAR KEINEN FALL mit der gebackenen) in Zucker zu tauchen.

Hinterfragen Sie bitte nicht, warum diese Regeln gelten. Befolgen Sie sie einfach.

Und jetzt: Guten Appetit! Schaffen Sie sich ein paar sorgenfreie Extra-Kilos drauf und kommen Sie gut durch den November.

*Zutaten (für 6 Personen, bei großem Appetit
für 4 Personen)*

*333 ml Milch
40 g Butter
170 g Mehl
1 Pr. Salz*

- *Man koche Milch und Butter auf, schütte Mehl hinein und rühre den Teig kräftig, bis sich unten eine weiße Schicht bildet (Brandteig). Alles in eine Rührschüssel geben.*

Saft einer halben Zitrone

1 Esslöffel Rum

5 Eier

Messerspitze Kardamom

80 g gewaschene Rosinen, in Mehl wenden

170 g Mehl

1/3 Packung Hefe mit Zucker und Rum flüssig rühren

- *Diese Zutaten schlage man nach und nach abwechselnd (fest und flüssig) unter den Brandteig, zum Schluss die Hefe.*
- *Den Teig 1–2 Stunden am warmen Ort gehen lassen.*
- *1 kg Fett erhitzen und mit dem Esslöffel Futjes-Teig ins heiße Fettbad geben.*
- *Goldbraun ausbacken.*

Den Schafen macht das schlechte Wetter übrigens gar nichts aus. Sie stellen sich einfach mit dem Hintern Richtung Wind und lassen das ganze Ungemach im wahrsten Sinne des Wortes an ihrem Allerwertesten vorbeigehen. Noch etwas, das man von ihnen lernen kann!

DEZEMBER

Semesterende

Schon wieder Dezember. Wie schnell so ein Jahr doch vorbeigeht. Auf der anderen Seite kommt es mir auch vor wie eine halbe Ewigkeit. Man sagt ja, dass die Zeit in der Wahrnehmung umso schneller zu rasen scheint, je eintöniger der Alltag ist. Wer wenig Neues erlebt, schafft kaum Erinnerungen – und denkt sich in der Rückblende: Wo ist nur all die Zeit geblieben? Schon wieder Geburtstag, der war doch gerade erst.

Wer dagegen viel Abwechslung hat und sich immer wieder auf Neues einlässt, erlebt die Zeit langsamer. Ist das nicht paradox? Wäre es nicht ungleich fairer, wenn es andersherum wäre? Dass der, der wenig erlebt, zumindest nicht auch noch das Gefühl hätte, dass die Zeit ihm in den Händen zerrinnt? Aber es stimmt. Als Kind erscheinen einem die sechs Wochen Sommerferien wie eine Unendlichkeit. Und je älter man wird, desto mehr verkommt ein ganzes Jahr zu einem Wimpernschlag.

Strenggenommen ist in diesem Jahr nichts passiert. Ich hatte oft Kopfschmerzen, lag sehr viel in der Gegend rum und beschäftigte mich ausgiebig mit der Frage, wann ich wohl nicht mehr liegen würde. Und doch ist eine ganze Menge passiert. Ich wurde durch einen Zufall zurück in die Heimat gespült. Ich habe erkannt, wie gut das Landleben der Seele tut und dass es den Blick öffnet für Dinge, die so naheliegend sind und an denen man trotzdem immer achtlos vorbeigeht. Ich habe die unterschätztesten Tiere der Welt kennen- und liebengelernt. Ich habe ein Schaf gekauft. Ich habe mich mit Kühen und Bullen beschäftigt. Und ich kann einen Haussperling von einem Feldsperling unterscheiden. Ja, im Nichtstun habe ich ganz neue Universen erforscht.

Was also bleibt nach einem Jahr Nordfriesland? Fünf wichtige Dinge habe ich gelernt. (Auch wenn ich auf dieses Philosophiesemester, wie mein Arzt es nannte, trotz allem gerne hätte verzichten können.)

Das Glück steckt im Kleinen

Über dem Bett meiner Mutter hing lange ein Kalender, in dem Kinder gemalt hatten, was für sie »Glück« bedeutet. Dazu gab es immer einen Satz, der mit »Glück ist für mich …« anfing. Vor allem an eine Seite kann ich mich genau erinnern. Ein Kind hatte im Gegensatz zu den anderen weder etwas Spektakuläres gemalt noch aufgeschrieben. »Glück ist für mich, wenn irgendwas passiert ist, und es ist nicht so schlimm«, stand in krakeliger Schrift unter einer nichtssagenden bunten Zeichnung. Immerhin eine große Sonne war links in der Ecke zu sehen.

Mich hat das immer irritiert. War das nicht arg anspruchslos? Konnte man nicht mehr vom Leben erwarten? War das nicht nur die Grundvoraussetzung, und das wahre Glück setzt dann oben auf? Wie konnte man nur in so jungen Jahren so genügsam, ja, vielleicht auch so ambitionslos sein?

Heute muss ich sagen: Wie kann man nur so jung so weise sein? Denn ja, wir sollten viel häufiger dankbar sein, wenn »nichts Schlimmes« passiert. In der *Berliner Zeitung* habe ich einen bewegenden Bericht über den Sänger Rainald Grebe gelesen, der unheilbar an Vaskulitis erkrankt ist, was regelmäßig kleine Schlaganfälle auslöst. »Aber in den tragischen Sätzen über seine Krankheit erglimmt die ganze Brutalität des Lebens, Grebes Angst, die Wut gegenüber der Ungerechtigkeit, dass er so jung, als 50-Jähriger, in die Reha musste, dass er seine Krankheit in den Griff bekommen habe, aber nicht wisse, wie lange es noch so weitergehen würde. Noch vor ein paar Monaten sei er mit einem Rollator durch die Flure einer Klinik gefahren. Jetzt könne er gehen. Das ändere die eigene Einstellung zum Leben. Früher, so Grebe, sei er über die Straße gelaufen und habe an alle möglichen Dinge gedacht. Jetzt gehe er über die Straße und denke nur wundersam an eines: ›Ich gehe über die Straße.‹«

Es stimmt, mit einer Krankheit im Gepäck, nach Schicksalsschlägen oder einfach in handelsüblichen Krisen geht man anders durch die Welt. Der Blick verändert sich. Selbstverständlichkeiten werden zu etwas Besonderem, plötzlich ist man dankbar für Dinge, die man zuvor gar nicht auf dem Schirm hatte. Und das Gute ist: Man regt sich nicht mehr über Banalitäten auf. Mehr noch: Man erkennt, was überhaupt banal ist – und was wirklich wichtig. (Verwechselt man nämlich häufig! Wenn Sie sich nicht sicher sind: Im Zweifel ist es banal!)

Das alles lässt nur einen Schluss zu: Warten Sie nicht auf

das eine große Glück. Es wird nicht mit einem großen Peng um die Ecke kommen, sondern mehr in Form von Knallerbsen. Hier mal ein bisschen, da mal ein bisschen. Und in der Summe kommt trotzdem Feierstimmung auf.

Akzeptanz macht alles leichter

Wenn diese ganzen Selbstoptimierer und Lifestyle-Nasen von »Akzeptanz« in Lebenskrisen sprechen, dachte ich immer, dass es darum geht, die Krise an sich gut zu finden. Das fand ich komplett anmaßend und realitätsfern. Denn nein, ich finde Schicksalsschläge und Lebenskrisen natürlich NICHT gut! Doch das ist auch gar nicht der Punkt. Akzeptanz verstehe ich jetzt vielmehr als einen Grübelstopp mit Ausrufezeichen. Es bringt nichts, immer und immer wieder zu hinterfragen, was diese Krise soll, wie man da hineingeraten ist und warum es nicht gleich lieber jemand anderen erwischt hat. Statt dieses permanenten Um-sich-Kreisens sollte man einfach akzeptieren. Dass Dinge sind, wie sie sind.

Man kann etwas nicht ungeschehen machen – aber man hat es in der Hand, wie man darauf reagiert. Der amerikanische Professor Jon Kabat-Zinn schreibt: »Du kannst die Wellen nicht stoppen, aber du kannst lernen zu surfen.« (Unterschreibe ich, obwohl ich Wassersport hasse!)

Endlich loslassen, um frei zu sein

Das perfekte Leben ist nur einen Mausklick entfernt: Überall in den sozialen Medien sieht man schöne Menschen, die glücklich und gesund sind und die zu allem Überfluss auch noch ein aufregendes Leben leben. Eine wahrgewordene Unverschämtheit!

Während anscheinend alle um einen herum spektakuläre Reisen machen, ausschließlich kunstvoll drapiertes Essen auf handgetöpfertem Geschirr zu sich nehmen und das *happy happy family life* genießen, liegt man selbst Chips futternd mit ausgebeulter Jogginghose auf dem Sofa – und bekommt einen akuten Vergleicheritis-Schub. Und genau den müssen Sie GENAU JETZT im Keim ersticken! Denn natürlich sehen wir nur Ausschnitte des anderen, nämlich aufwendig inszenierte Momente des kurzen oder manchmal auch mittellangen Glücks. Aber die 99 Prozent der schnöden Wirklichkeit bekommen wir eben *nicht* zu sehen. Also können wir uns an der Front schon mal Entwarnung geben: Wir scrollen uns durch eine Fiktion! Und deswegen brauchen wir auch keine Angst zu haben, etwas zu verpassen. FOMO, *Fear of missing out*, ist ja sehr verbreitet. Durch die ständigen Vergleiche mit anderen haben wir das Gefühl, selbst nicht genug zu sein. Weil wir eben nicht den Himalaja besteigen, sondern auf dem Sofa liegen. Weil wir am Wochenende nicht auf dem Konzert der angesagten Band waren, sondern einfach ferngesehen haben. Weil wir nicht das dritte Kind gekriegt haben, sondern nur einen Hund. Kurz: Das Leben ist voller Möglichkeiten, die anscheinend alle nutzen – außer man selbst. Dieses Gefühl kann geradezu erdrückend werden, wenn eine Krankheit einen am Aufstehen hindert.

Es ist unglaublich befreiend, hier loszulassen – die Erwartungen anderer, die eigenen und die Idealvorstellungen eines perfekten Lebens, das einem überall vorgegaukelt wird. Denn a) ist das Leben ohnehin vollkommen unperfekt, und b) braucht es viel weniger, um zufrieden zu sein.

Glauben Sie mir, mehr verpassen als ich in diesem Jahr kann man nicht. Ich habe wirklich nur ein Schaf gestreichelt – und es war wunderbar. Genießen Sie den unspektakulären Augenblick, seien Sie für das dankbar, was Sie haben, und das Wichtigste: Gehen Sie auf *digital diet*. Heißt: HANDY AUS!

Nur wer nicht weiß, wo er hin will, kommt auch an

Mehr Sport, weniger Schokolade, keine Pasta nach 20 Uhr, eine neue Sprache lernen, mehr Wasser und weniger Alkohol trinken, früher aufstehen, mehr sparen …

Und? Erkennen Sie sich wieder? Fast 80 Prozent der Deutschen fassen genau jetzt, in den Tagen vor dem Jahreswechsel, gute Vorsätze. Jetzt ist es an der Zeit, ein besserer Mensch zu werden. Sich zu häuten. All die schlechten Gewohnheiten ad acta zu legen und im Buch seines Lebens eine neue Seite aufzuschlagen. Das neue Jahr liegt vor einem wie ein weißes Stück Papier, das man mit einer komplett neuen Geschichte füllen kann. Endlich gesünder leben, endlich sportlicher werden, endlich disziplinierter sein, endlich anders sein. Das neue Ich ist zum Greifen nah.

Soll ich Ihnen etwas sagen? Ich befürchte, die Sache mit den guten Vorsätzen ist ein großer Schwindel.

Erstens gibt es keine bessere Möglichkeit, sich erst furchtbar unter Druck zu setzen und dann auch noch mit einem schlechten Gewissen belohnt zu werden. Denn viele Vorsätze hält man ohnehin nicht ein, weil man ja schließlich immer noch der oder die Alte ist. Und wenn einem dann das eigene Scheitern auch noch schwarz auf weiß vor Augen geführt wird, steigt nicht unbedingt die Laune. (Bloß nichts schriftlich festhalten, wäre ein vorauseilendes Dokument der Niederlage!)

Und zweitens, und das ist mir nach diesem Jahr mit Lämmchen klar geworden, können wir gar nicht wissen, was genau uns guttun wird. Von dem Apple-Gründer Steve Jobs stammt das berühmte Zitat, an das ich in letzter Zeit oft denken muss: »Es ist wirklich schwer, neue Produkte für Zielgruppen zu entwerfen. Meistens wissen die Leute nicht, was sie wollen, bis man es ihnen zeigt.« So hätten vor der Entwicklung des iPhones Umfragen zur Marktforschung gar nichts bringen können, weil die Menschen eh nie geantwortet hätten: »Ein Smartphone würde ich sofort kaufen«, weil sie gar nicht wussten, was ein Smartphone überhaupt war.

Genau das habe ich mit Lämmchen erlebt. Ich wäre doch nie vor einem Jahr auf die Idee gekommen, mir vorzunehmen, ein Schaf kennenzulernen und zu adoptieren. Oder: Ich möchte bitte oft eine Rinderherde beobachten. Oder: Endlich lernen, wie Lämmer gezeugt werden. Ich hatte doch keine Ahnung!

Ja, ich bin fest davon überzeugt, dass uns gute Vorsätze oft im Weg stehen. Dass wir dadurch gar nicht mehr den Blick für das Unerwartete haben, für Überraschungen, Abzweigungen, Wendungen, für wollige Vierbeiner, die plötzlich unseren Weg kreuzen. Viel wichtiger, als Vorsätze akribisch aufzuschreiben (und, seien wir ehrlich, eh nicht in die Tat umzusetzen), ist es, neugierig zu bleiben. Offen sein, Augen und Lauscher auf und einfach mal abwarten, was das neue Jahr für einen bereithält. Klingt nach dem Plan, keinen Plan zu haben? Stimmt! Auf jeden Fall ist es ein Plädoyer, das Leben auf sich zurauschen zu lassen wie eine große Welle und sich einfach mal treiben zu lassen. Vielleicht wird man an einem Ort angespült, von dem man noch nie gehört hat. Und auch, wenn das nicht die himmlische Karibik ist – ein Abenteuer ist es auf jeden Fall.

Tiere sind die besten Therapeuten
Ich glaube, dazu braucht es keine Erklärung mehr. Schaffen Sie sich JETZT SOFORT ein Haustier an. Eine Katze, einen Hund, ein Meerschweinchen, adoptieren Sie ein Schaf (das aber unbedingt in der Nähe wohnen muss!). Es geht nämlich darum, dass man sich kümmert. Dass man es streicheln kann und das Glückshormon Oxytocin freigesetzt wird. Und dass da jemand ist, mit dem man sprechen kann (gut, ist ausbaufähig, aber ich bleibe dran). Auch die Verantwortung für ein Lebewesen zu haben, ist heilsam. Man kann es sich einfach nicht lange erlauben, durchzuhängen, weil da jemand ist, der einen braucht. Für den Anfang tut es auch ein Goldfisch oder meinetwegen sogar eine Pflanze. Eine Studie aus Harvard hat gezeigt, dass Bewohner eines Altenheims länger lebten, wenn sie sich um Zimmerpflanzen kümmerten. Irre, oder?!

Von einem starken Rücken, den die Chinesen empfehlen, bin ich trotz dieser Erkenntnisse noch Lichtjahre entfernt. Immerhin, ein paar Rückenmuskeln habe ich mir antrainiert, und kleinere, vorübergehende Krisen könnte ich jetzt sicher besser wuppen als noch vor einem Jahr. Aber die großen Brocken? Krankheiten, die bleiben? Verluste für immer? Keine Ahnung, wie Menschen das emotional hinbekommen. Vielleicht lerne ich das ja noch. Kommt auf jeden Fall auf meine *bucket list*!

Übrigens, wir verlängern das Experiment Nordfriesland um ein Jahr. Eigentlich wollten wir ja jetzt im Januar wieder zurück nach Berlin ziehen. Doch wenn ich in den letzten Wochen nur darüber nachdachte, Lämmchen alleine am Deich zu lassen und ihn nicht mehr jeden Tag besuchen zu können, wurden meine Augen glasig (kommt auch auf meine *bucket list*: unabhängig von Lämmchen werden, Grundgütiger, so weit ist es schon!).

Außerdem habe ich das Gefühl, dass unsere wundersame Reise hier oben noch nicht zu Ende ist. Und warum sollte man etwas beenden, das einem so guttut?

Obendrein muss ich doch mitbekommen, was mit Nils und Peter passiert. Befürchte, dass sich Peter als asexuell herausstellt und bis an sein Lebensende kuscheln will und Nils irgendwann die weiße Fahne hisst und kleinlaut sagt: *»Sorry, Leute, ich hab mich übernommen, das wird nichts mit mir und den Frauen.«*

Zwei Männer unter Zugzwang – die Story muss ich weiter verfolgen!

31. Dezember

Ich hab ja total vergessen, über das Wichtigste zu schreiben: meine neuen Winterschuhe! Sie sind der absolute Wahnsinn. Ich habe so warme Füße in ihnen, als hätte ich eine Wärmflasche unter jeder Sohle. Ja, sie sind fast, ohne Witz, HEISS! Ich kann bei vier Grad ewig bei Lämmchen im nassen Matsch stehen. Ich kann an der Arlau-Schleuse auf den kleinen Eisschollen laufen, als wäre es ein warmer Teppich. Ich kann im Schneeregen einen ausgiebigen Spaziergang machen (sie sind auch noch wasserdicht, GÄNSEHAUT!). Jedes Mal denke ich: Was habe ich nur für ein Gottesgeschenk an den Füßen!

Ich habe inzwischen so einen Warme-Füße-Fetisch entwickelt, dass ich Axel regelmäßig dazu zwinge, meine Füße anzufassen, nachdem ich die Schuhe ausgezogen habe. Jedes Mal kommt es zu exakt demselben Dialog.

Axel (schüttelt den Kopf): »Ich will wirklich nicht deine Füße anfassen.«

Ich (aufgeregt): »Das musst du!«

Axel (erschöpft): »Ich weiß doch, dass die warm sind.«

Ich (vollkommen ekstatisch): »Herrschaftszeiten, du musst es spüren. Man glaubt es ja nicht. Nun mach schon!«

Axel (resigniert): »Ich weiß es.«

Ich (aufgekratzt): »Los jetzt!«

Axel (apathisch): »Ich hab doch gestern erst …«

Ich (hysterisch): »Loooos jetzt!«

Axel schüttelt mit geschlossenen Augen den Kopf, greift

nach meinem Fuß und sagt routiniert mit leerem Blick: »Ja, Wahnsinn.« (Er weiß, dass ich erst Ruhe gebe, wenn das Wort »Wahnsinn« fällt.)

Neulich stand ich auf dem Deich bei Lämmchen, als eine kleine Gruppe Touristen vorbeikam (einige wenige trauen sich im Winter her, es muss eine Art Selbstkasteiung sein). Sie kämpften weit vorgelehnt gegen den Wind an, hielten ihre Mützen fest und froren sichtlich in ihren teuren, viel zu kalten Gore-Tex-Jacken, die sie sich doch extra für den Urlaub gekauft hatten. Herbst-Ware! Die Verkäuferin schien noch nie in Nordfriesland gewesen zu sein.

Und ich stand da wie ein Fels in der Brandung mit meinen warmen Füßen und rief ihnen lachend – ich schämte mich in dem Moment, in dem ich es aussprach – entgegen: »Es gibt kein schlechtes Wetter, es gibt nur schlechte Kleidung!«

Das Schlimmste: Ich war ernsthaft gut drauf und glaubte jedes Wort.

Was war nur aus mir geworden?

Aber vielleicht geht es genau darum im Leben: Man muss sich wappnen. Sich ein Rüstzeug anlegen. Damit die äußeren Umstände einem so schnuppe werden wie mir das unbarmherzige Schietwetter an der See. Ich weiß noch nicht, wie genau dieser Panzer für die Seele aussieht. Aber warme Füße sind schon mal die halbe Miete.

Danke

... sagt man viel zu selten! Vor allem als Schriftstellerin, die monatelang in Jogginghose in einem Kabuff verschwindet, zwischendurch nur herauskommt, um, gebeutelt von Schreibkrisen, die große Sinnfrage zu stellen, dann unter großem Ächzen verschwindet, sich nach einer Ewigkeit erschöpft wieder blicken lässt und mit letzter Kraft »fertig« stöhnt.

Dabei können Bücher – und vor allem dieses – nur entstehen, wenn es Menschen (und Tiere) gibt, die an einen glauben und immer für einen da sind.

Danke an ...

... meine Mutter, die mit ihrem unglaublichen Gespür für Worte meine Probeleserin ist und mir mit ihrer Wärme und Empathie immer hilft, wenn es nicht mehr weitergeht (auch in allen anderen Lebenslagen). Seelenverwandte, Fels in der Brandung und Kraftquelle in Personalunion. Ik heef di banning leef!

... meinen Mann Axel, bei dem ich genauso sein kann, wie ich bin, und ich auch nach über zwanzig Jahren jeden Tag von Neuem merke, welch großes Geschenk das ist. Wie schön, dass wir uns gefunden haben!

… Kristina und ihre Familie für ihre Herzlichkeit und Tierliebe. Danke, dass Lämmchen bei euch sein darf. Er hat das schönste Zuhause, das man sich als Schaf nur vorstellen kann, und es berührt mich zu sehen, wie sehr du dich um jedes Tier kümmerst und es eben nicht »nur« Tiere sind.

… Elisabeth Schmitten und dem ganzen Team vom Penguin Verlag. Du hast mein Manuskript mit so vielen klugen Gedanken bereichert und mich immer wieder ermuntert, mich damit auseinanderzusetzen, was die Krankheit mit mir gemacht hat. Auch wenn es manchmal schmerzhaft war, es hat gutgetan!

… meine Agentin Vanessa Gutenkunst, die sofort an Lämmchen geglaubt hat und mit ihrem Engagement dafür gesorgt hat, dass das Buch überhaupt das Licht der Welt erblickt. Danke auch an das ganze Copywrite-Team, ihr seid einfach die Besten!

… Thomas Lorenzen, der ein irre talentierter Fotograf ist und anscheinend immer im richtigen Moment abdrückt. Danke, dass du dieses tolle Coverfoto gemacht hast und du für so viele ein Mensch bist, den sie Tag und Nacht anrufen können.

… meinen Hund Karli, der vor Kurzem unser Haus besetzt hat. Ich habe ihn lange nicht verstanden, feiere ihn jetzt aber jeden Tag ab! Bester Mann! (Wir haben in der Hundeschule sogar die »Reise nach Jerusalem« gewonnen, Gänsehaut!)

… natürlich Lämmchen! Danke, dass du in mein Leben getapst bist und ich so viel von dir lernen durfte.